Heinrich von Kleist

Der unglücklichste Romantiker der Jahrhundertwende - Kleists autobiographische Werke,
Briefe & Biographien

e-artnow 2018

Charles Dickens
Aufzeichnungen aus Amerika

Karl Philipp Moritz
Reisen eines Deutschen in Italien in den Jahren 1786 bis 1788

Jeremias Gotthelf
Der Bauernspiegel (Autobiografie)

Heinrich von Kleist
Der zerbrochene Krug (Klassiker der Weltliteratur)

Heinrich von Kleist
Penthesilea

Heinrich von Kleist

Der unglücklichste Romantiker der Jahrhundertwende - Kleists autobiographische Werke, Briefe & Biographien

e-artnow, 2018
Kontakt: info@e-artnow.org
ISBN 978-80-268-8684-6

Inhaltsverzeichnis

Essays

Aufsatz, den sichern Weg des Glücks zu finden

und ungestört, auch unter den größten Drangsalen des Lebens, ihn zu genießen!

An Rühle

Wir sehen die Großen dieser Erde im Besitze der Güter dieser Welt. Sie leben in Herrlichkeit und Überfluß, die Schätze der Kunst und der Natur scheinen sich um sie und für sie zu versammeln, und darum nennt man sie Günstlinge des Glücks. Aber der Unmut trübt ihre Blicke, der Schmerz bleicht ihre Wangen, der Kummer spricht aus allen ihren Zügen.

Dagegen sehen wir einen armen Tagelöhner, der im Schweiße seines Angesichts sein Brot erwirbt; Mangel und Armut umgeben ihn, sein ganzes Leben scheint ein ewiges Sorgen und Schaffen und Darben. Aber die Zufriedenheit blickt aus seinen Augen, die Freude lächelt auf seinem Antlitz, Frohsinn und Vergessenheit umschweben die ganze Gestalt.

Was die Menschen also Glück und Unglück nennen, das sehn Sie wohl, mein Freund, ist es nicht immer; denn bei allen Begünstigungen des äußern Glückes haben wir Tränen in den Augen des erstern, und bei allen Vernachlässigungen desselben, ein Lächeln auf dem Antlitz des andern gesehen.

Wenn also die Regel des Glückes sich nur so unsicher auf äußere Dinge gründet, wo wird es sich denn sicher und unwandelbar gründen? Ich glaube da, mein Freund, wo es auch nur einzig genossen und entbehrt wird, im Innern.

Irgendwo in der Schöpfung muß es sich gründen, der Inbegriff aller Dinge muß die Ursachen und die Bestandteile des Glückes enthalten, mein Freund, denn die Gottheit wird die Sehnsucht nach Glück nicht täuschen, die sie selbst unauslöschlich in unsrer Seele erweckt hat, wird die Hoffnung nicht betrügen, durch welche sie unverkennbar auf ein für uns mögliches Glück hindeutet. Denn glücklich zu sein, das ist ja der erste aller unsrer Wünsche, der laut und lebendig aus jeder Ader und jeder Nerve unsers Wesens spricht, der uns durch den ganzen Lauf unsers Lebens begleitet, der schon dunkel in dem ersten kindischen Gedanken unsrer Seele lag und den wir endlich als Greise mit in die Gruft nehmen werden. Und wo, mein Freund, kann dieser Wunsch erfüllt werden, wo kann das Glück besser sich gründen, als da, wo auch die Werkzeuge seines Genusses, unsre Sinne liegen, wohin die ganze Schöpfung sich bezieht, wo die Welt mit ihren unermeßlichen Reizungen im kleinen sich wiederholt?

Da ist es ja auch allein nur unser Eigentum, es hangt von keinen äußeren Verhältnissen ab, kein Tyrann kann es uns rauben, kein Bösewicht kann es stören, wir tragen es mit in alle Weltteile umher.

Wenn das Glück nur allein von äußeren Umständen, wenn es also vom Zufall abhinge, mein Freund, und wenn Sie mir auch davon tausend Beispiele aufführten; was mit der Güte und Weisheit Gottes streitet, kann nicht wahr sein. Der Gottheit liegen die Menschen alle gleich nahe am Herzen, nur der bei weiten kleinste Teil ist indes der vom Schicksal begünstigte, für den größten wären also die Genüsse des Glücks auf immer verloren. Nein, mein Freund, so ungerecht kann Gott nicht sein, es muß ein Glück geben, das sich von den äußeren Umständen trennen läßt, alle Menschen haben ja gleiche Ansprüche darauf, für alle muß es also in gleichem Grade möglich sein.

Lassen Sie uns also das Glück nicht an äußere Umstände knüpfen, wo es immer nur wandelbar sein würde, wie die Stütze, auf welcher es ruht; lassen Sie es uns lieber als Belohnung und Ermunterung an die Tugend knüpfen, dann erscheint es in schönerer Gestalt und auf sicherem Boden. Diese Vorstellung scheint Ihnen in einzelnen Fällen und unter gewissen Umständen wahr, mein Freund, sie ist es in allen, und es freut mich in voraus, daß ich Sie davon überzeugen werde.

Wenn ich Ihnen so das Glück als Belohnung der Tugend aufstelle, so erscheint zunächst freilich das erste als Zweck und das andere nur als Mittel. Dabei fühle ich, daß in diesem Sinne die Tugend auch nicht in ihrem höchsten und erhabensten Beruf erscheint, ohne darum angeben zu können, wie dieses Verhältnis zu ändern sei. Es ist möglich daß es das Eigentum einiger wenigen schönern Seelen ist, die Tugend allein um der Tugend selbst willen zu lieben, und zu üben. Aber mein Herz sagt mir, daß die Erwartung und Hoffnung auf ein menschliches Glück, und die Aussicht auf tugendhafte, wenn freilich nicht mehr ganz so reine Freuden, dennoch nicht strafbar und verbrecherisch sei. Wenn ein Eigennutz dabei zum Grunde liegt, so ist es der edelste der sich denken läßt, denn es ist der Eigennutz der Tugend selbst.

Und dann, mein Freund, dienen und unterstützen sich doch diese beiden Gottheiten so wechselseitig, das Glück als Aufmunterung zur Tugend, die Tugend als Weg zum Glück, daß es dem Menschen wohl erlaubt sein kann, sie nebeneinander und ineinander zu denken. Es ist kein beßrer Sporn zur Tugend möglich, als die Aussicht auf ein nahes Glück, und kein schönerer und edlerer Weg zum Glücke denkbar, als der Weg der Tugend.

Aber, mein Freund, er ist nicht allein der schönste und edelste, – wir vergessen ja, was wir erweisen wollten, daß er der einzige ist. Scheuen Sie sich also um so weniger die Tugend dafür zu halten, was sie ist, für die Führerin der Menschen auf dem Wege zum Glück. Ja mein Freund, die Tugend macht nur allein glücklich. Das was die Toren Glück nennen, ist kein Glück, es betäubt ihnen nur die Sehnsucht nach wahrem Glücke, es lehrt sie eigentlich nur ihres Unglücks vergessen. Folgen Sie dem Reichen und Geehrten nur in sein Kämmerlein, wenn er Orden und Band an sein Bette hängt und sich einmal als Mensch erblickt. Folgen Sie ihm nur in die Einsamkeit; das ist der Prüfstein des Glückes. Da werden Sie Tränen über bleiche Wangen rollen sehen, da werden Sie Seufzer sich aus der bewegten Brust emporheben hören. Nein, nein, mein Freund, die Tugend, und einzig allein nur die Tugend ist die Mutter des Glücks, und *der Beste ist der Glücklichste.*

Sie hören mich so viel und so lebhaft von der Tugend sprechen, und doch weiß ich, daß Sie mit diesem Worte nur einen dunkeln Sinn verknüpfen; Lieber, es geht mir wie Ihnen, wenn ich gleich so viel davon rede. Es erscheint mir nur wie ein Hohes, Erhabenes, Unnennbares, für das ich vergebens ein Wort suche, um es durch die Sprache, vergebens eine Gestalt, um es durch ein Bild auszudrücken. Und dennoch strebe ich ihm mit der innigsten Innigkeit entgegen, als stünde es klar und deutlich vor meiner Seele. Alles was ich davon weiß, ist, daß es die unvollkommnen Vorstellungen, deren ich jetzt nur fähig bin, gewiß auch enthalten wird; aber ich ahnde noch mehr, noch etwas Höheres, noch etwas Erhabeneres, und das ist recht eigentlich, was ich nicht ausdrücken und formen kann.

Mich tröstet indes die Rückerinnerung dessen, um wieviel noch dunkler, noch verworrener, als jetzt, in früheren Zeiten der Begriff der Tugend in meiner Seele lag, und wie nach und nach, seitdem ich denke, und an meiner Bildung arbeite, auch das Bild der Tugend für mich an Gestalt und Bildung gewonnen hat; daher hoffe und glaube ich, daß so wie es sich in meiner Seele nach und nach mehr aufklärt, auch dieses Bild sich in immer deutlicheren Umrissen mir darstellen, und je mehr es an Wahrheit gewinnt, meine Kräfte stärken und meinen Willen begeistern wird.

Wenn ich Ihnen mit einigen Zügen die undeutliche Vorstellung bezeichnen soll, die mich als Ideal der Tugend im Bilde eines Weisen umschwebt, so würde ich nur die Eigenschaften, die ich hin und wieder bei einzelnen Menschen zerstreut finde und deren Anblick mich besonders rührt, z.B. Edelmut, Menschenliebe, Standhaftigkeit, Bescheidenheit, Genügsamkeit etc. zusammentragen können; aber, Lieber, ein Gemälde würde das immer nicht werden, ein Rätsel würde es Ihnen, wie mir, bleiben, dem immer das bedeutungsvolle Wort der Auflösung fehlt. Aber, es sei mit diesen wenigen Zügen genug, ich getraue mich, schon jetzt zu behaupten, daß wenn wir, bei der möglichst vollkommnen Ausbildung aller unser geistigen Kräfte, auch diese benannten Eigenschaften einst fest in unser Innerstes gründen, ich sage, wenn wir bei der Bildung unsers Urteils, bei der Erhöhung unseres Scharfsinns durch Erfahrungen und Studien aller Art, mit der Zeit die Grundsätze des Edelmuts, der Gerechtigkeit, der Menschenliebe, der Standhaftigkeit, der Bescheidenheit, der Duldung, der Mäßigkeit, der Genügsamkeit usw. unerschütterlich und unauslöschlich in unsern Herzen verflochten, unter diesen Umständen behaupte ich, daß wir nie unglücklich sein werden.

Ich nenne nämlich Glück nur die vollen und überschwenglichen Genüsse, die – um es mit einem Zuge Ihnen darzustellen – in dem erfreulichen Anschaun der moralischen Schönheit unseres eigenen Wesens liegen. Diese Genüsse, die Zufriedenheit unsrer selbst, das Bewußtsein guter Handlungen, das Gefühl unsrer durch alle Augenblicke unsers Lebens vielleicht gegen tausend Anfechtungen und Verführungen standhaft behaupteten Würde, sind fähig, unter allen äußern Umständen des Lebens, selbst unter den scheinbar traurigsten, ein sicheres tiefgefühltes und unzerstörbares Glück zu gründen.

Ich weiß es, Sie halten diese Art zu denken für ein künstliches aber wohl glückliches Hülfsmittel, sich die trüben Wolken des Schicksals hinweg zu philosophieren, und mitten unter Sturm und Donner sich Sonnenschein zu erträumen. Das ist nun freilich doppelt übel, daß Sie so schlecht von dieser himmlischen Kraft der Seele denken, einmal, weil Sie unendlich viel dadurch entbehren, und zweitens, weil es schwer, ja unmöglich ist, Sie besser davon denken zu machen. Aber ich wünsche zu Ihrem Glücke und hoffe, daß die Zeit und Ihr Herz Ihnen die Empfindung dessen, ganz so wahr und innig schenken möge, wie sie mich in dem Augenblick jener Äußerung belebte.

Die höchste nützlichste Wirkung, die Sie dieser Denkungsart, oder vielmehr (denn das ist sie eigentlich) Empfindungsweise, zuschreiben, ist, daß sie vielleicht dazu diene, den Menschen unter der Last niederdrückender Schicksale vor der Verzweiflung zu sichern; und Sie glauben, daß wenn auch wirklich Vernunft und Herz einen Menschen dahin bringen könnte, daß er selbst unter äußerlich unvorteilhaften Umständen sich glücklich fühlte, er doch immer in äußerlich vorteilhaften Verhältnissen glücklicher sein müßte.

Dagegen, mein Freund, kann ich nichts anführen, weil es ein vergeblicher mißverstandner Streit sein würde. Das Glück, wovon ich sprach, hangt von keinen äußeren Umständen ab, es begleitet den, der es besitzt, mit gleicher Stärke in alle Verhältnisse seines Lebens, und die Gelegenheit, es in Genüssen zu entwickeln, findet sich in Kerkern so gut, wie auf Thronen.

Ja, mein Freund, selbst in Ketten und Banden, in die Nacht des finstersten Kerkers gewiesen, – glauben und fühlen Sie nicht, daß es auch da überschwenglich entzückende Gefühle für den tugendhaften Weisen gibt? Ach es liegt in der Tugend eine geheime göttliche Kraft, die den Menschen über sein Schicksal erhebt, in ihren Tränen reifen höhere Freuden, in ihrem Kummer selbst liegt ein neues Glück. Sie ist der Sonne gleich, die nie so göttlich schön den Horizont mit Flammenröte malt, als wenn die Nächte des Ungewitters sie umlagern.

Ach, mein Freund, ich suche und spähe umher nach Worten und Bildern, um Sie von dieser herrlichen beglückenden Wahrheit zu überzeugen. Lassen Sie uns bei dem Bilde des unschuldig Gefesselten verweilen, – oder besser noch, blicken Sie einmal zweitausend Jahre in die Vergangenheit zurück, auf jenen besten und edelsten der Menschen, der den Tod am Kreuze für die Menschheit starb, auf Christus. Er schlummerte unter seinen Mördern, er reichte seine Hände freiwillig zum Binden dar, die teuern Hände, deren Geschäft nur Wohl tun war, er fühlte sich ja doch frei, mehr als die Unmenschen, die ihn fesselten, seine Seele war so voll des Trostes, daß er dessen noch seinen Freunden mitteilen konnte, er vergab sterbend seinen Feinden, er lächelte liebreich seine Henker an, er sah dem furchtbar schrecklichen Tode ruhig und freudig entgegen, – ach die Unschuld wandelt ja heiter über sinkende Welten. In seiner Brust muß ein ganzer Himmel von Empfindungen gewohnet haben, denn »Unrecht leiden schmeichelt große Seelen«.

Ich bin nun erschöpft, mein Freund, und was ich auch sagen könnte, würde matt und kraftlos neben diesem Bilde stehen. Daher will ich nun, mein lieber Freund, glauben Sie überzeugt zu haben, daß die Tugend den Tugendhaften selbst im Unglück glücklich macht; und wenn ich über diesen Gegenstand noch etwas sagen soll, so wollen wir einmal jenes äußere Glück mit der Fackel der Wahrheit beleuchten, für dessen Reibungen Sie einen so lebhaften Sinn zu haben scheinen.

Nach dem Bilde des wahren innern Glückes zu urteilen, dessen Anblick uns soeben so lebhaft entzückt hat: verdient nun wohl Reichtum, Güter, Würden, und alle die zerbrechlichen Geschenke des Zufalls, den Namen Glück? So arm an Nüancen ist doch unsre deutsche Sprache nicht, vielmehr finde ich leicht ein paar Wörter, die das, was diese Güter bewirken, sehr passend und richtig ausdrücken, Vergnügen und Wohlbehagen. Um diese sehr angenehmen Genüsse sind Fortunens Günstlinge freilich reicher als ihre Stiefkinder, obgleich ihre vorzüglichsten Bestandteile in der Neuheit und Abwechselung liegen, und daher der Arme und Verlaßne auch nicht ganz davon ausgeschlossen ist.

Ja ich bin sogar geneigt zu glauben, daß in dieser Rücksicht für ihn ein Vorteil über den Reichen und Geehrten möglich ist, indem dieser bei der zu häufigen Abwechselung leicht den Sinn zu genießen abstumpft oder wohl gar mit der Abwechselung endlich ans Ende kommt und dann auf Leeren und Lücken stößt, indes der andere mit mäßigen Genüssen haushält, selten, aber desto inniger den Reiz der Neuheit schmeckt, und mit seinen Abwechselungen nie ans Ende kommt, weil selbst in ihnen eine gewisse Einförmigkeit liegt.

Aber es sei, die Großen dieser Erde mögen den Vorzug vor die Geringen haben, zu schwelgen und zu prassen, alle Güter der Welt mögen sich ihren nach Vergnügen lechzenden Sinnen darbieten, und sie mögen ihrer vorzugsweise genießen; nur, mein Freund, das Vorrecht glücklich zu sein, wollen wir ihnen nicht einräumen, mit Gold sollen sie den Kummer, wenn sie ihn verdienen, nicht aufwiegen können. Da waltet ein großes unerbittliches Gesetz über die ganze Menschheit, dem der Fürst wie der Bettler unterworfen ist. Der Tugend folgt die Belohnung, dem Laster die Strafe. Kein Gold besticht ein empörtes Gewissen, und wenn der lasterhafte Fürst auch alle Blicke und Mienen und Reden besticht, wenn er auch alle Künste des Leichtsinns herbeiruft, wie Medea alle Wohlgerüche Arabiens, um den häßlichen Mordgeruch von ihren Händen zu vertreiben – und wenn er auch Mahoms Paradies um sich versammelte, um sich zu zerstreun oder zu betäuben – umsonst! Ihn quält und ängstigt sein Gewissen, wie den Geringsten seiner Untertanen.

Gegen dieses größte der Übel wollen wir uns schützen, mein Freund, dadurch schützen wir uns zugleich vor allen übrigen, und wenn wir bei der Sinnlichkeit unsrer Jugend uns nicht entbrechen können, neben den Genüssen des ersten und höchsten innern Glücks, uns auch die Genüsse des äußern zu wünschen, so lassen Sie uns wenigstens so bescheiden und begnügsam in diesen Wünschen sein, wie es Schülern für die Weisheit ansteht.

Und nun, mein Freund, will ich Ihnen eine Lehre geben, von deren Wahrheit mein Geist zwar überzeugt ist, obgleich mein Herz ihr unaufhörlich widerspricht. Diese Lehre ist, von den Wegen die zwischen dem höchsten äußern Glück und Unglück liegen, grade nur auf der Mittelstraße zu wandern, und unsre Wünsche nie auf die schwindlichen Höhen zu richten. Sosehr ich jetzt noch die Mittelstraßen aller Art hasse, weil ein natürlich heftiger Trieb im Innern mich verführt, so ahnde ich dennoch, daß Zeit und Erfahrung mich einst davon überzeugen werden, daß sie dennoch die besten seien. Eine besonders wichtige Ursache uns nur ein mäßiges äußeres Glück zu wünschen, ist, daß dieses sich wirklich am häufigsten in der Welt findet, und wir daher am wenigsten fürchten dürfen getäuscht zu werden.

Wie wenig beglückend der Standpunkt auf großen außerordentlichen Höhen ist, habe ich recht innig auf dem Brocken empfunden. Lächeln Sie nicht, mein Freund, es waltet ein gleiches Gesetz über die moralische wie über die physische Welt. Die Temperatur auf der Höhe des Thrones ist so rauh, so empfindlich und der Natur des Menschen so wenig angemessen, wie der Gipfel des Blocksbergs, und die Aussicht von dem einen so wenig beglückend wie von dem andern, weil der Standpunkt auf beidem zu hoch, und das Schöne und Reizende um beides zu tief liegt.

Mit weit mehrerem Vergnügen gedenke ich dagegen der Aussicht auf der mittleren und mäßigen Höhe des Regensteins, wo kein trüber Schleier die Landschaft verdeckte, und der schöne Teppich im ganzen, wie das unendlich Mannigfaltige desselben im einzelnen klar vor meinen Augen lag. Die Luft war mäßig, nicht warm und nicht kalt, grade so wie sie nötig ist, um frei und leicht zu atmen. Ich werde Ihnen doch die bildliche Vorstellung Homers aufschreiben, die er sich von Glück und Unglück machte, ob ich Ihnen gleich schon einmal davon erzählt habe.

Im Vorhofe des Olymp, erzählt er, stünden zwei große Behältnisse, das eine mit Genuß, das andere mit Entbehrung gefüllt. Wem die Götter, so spricht Homer, aus beiden Fässern mit gleichem Maße messen, der ist der Glücklichste; wem sie ungleich messen, der ist unglücklich, doch am unglücklichsten der, dem sie nur allein aus einem Fasse zumessen.

Also entbehren und genießen, das wäre die Regel des äußeren Glücks, und der Weg, gleich weit entfernt von Reichtum und Armut, von Überfluß und Mangel, von Schimmer und Dunkelheit, die beglückende Mittelstraße, die wir wandern wollen.

Jetzt freilich wanken wir noch auf regellosen Bahnen umher, aber, mein Freund, das ist uns als Jünglinge zu verzeihen. Die innere Gärung ineinander wirkender Kräfte, die uns in diesem Alter erfüllt, läßt keine Ruhe im Denken und Handeln zu. Wir kennen die Beschwörungsformel noch nicht, die Zeit allein führt sie mit sich, um die wunderbar ungleichartigen Gestalten, die in unserm Innern wühlen und durcheinandertreiben, zu besänftigen und zu beruhigen. Und alle Jünglinge, die wir um und neben uns sehen, teilen ja mit uns dieses Schicksal. Alle ihre Schritte und Bewegungen scheinen nur die Wirkung eines unfühlbaren aber gewaltigen Stoßes zu sein, der sie unwiderstehlich mit sich fortreißt. Sie erscheinen mir wie Kometen, die in regellosen Kreisen das Weltall durchschweifen, bis sie endlich eine Bahn und ein Gesetz der Bewegung finden.

Bis dahin, mein Freund, wollen wir uns also aufs Warten und Hoffen legen, und nur wenigstens uns das zu erhalten streben, was schon jetzt in unsrer Seele Gutes und Schönes liegt. Besonders und aus mehr als dieser Rücksicht wird es gut für uns, und besonders für Sie sein, wenn wir die Hoffnung zu unsrer Göttin wählen, weil es scheint als ob uns der Genuß flieht.

Denn eine von beiden Göttinnen, Lieber, lächelt dem Menschen doch immer zu, dem Frohen der Genuß, dem Traurigen die Hoffnung. Auch scheint es, als ob die Summe der glücklichen und der unglücklichen Zufälle im ganzen für jeden Menschen gleich bleibe; wer denkt bei dieser Betrachtung nicht an jenen Tyrann von Syrakus, *Polykrates*, den das Glück bei allen seinen Bewegungen begleitete, den nie ein Wunsch, nie eine Hoffnung betrog, dem der Zufall sogar den Ring wiedergab, den er, um dem Unglück ein freiwilliges Opfer zu bringen, ins Meer geworfen hatte. So hatte die Schale seines Glücks sich tief gesenkt; aber das Schicksal setzte es dafür auch mit einem Schlage wieder ins Gleichgewicht und ließ ihn am Galgen sterben. – Oft verpraßt indes ein Jüngling in ein paar Jugendjahren den Glücksvorrat seines ganzen Lebens, und darbt dann im Alter; und da Ihre Jugendjahre, mehr noch als die meinigen, so freudenleer verflossen sind, ob Sie gleich eine tiefgefühlte Sehnsucht nach Freude in sich tragen, so nähren und stärken Sie die Hoffnung auf schönere Zeiten, denn ich getraue mich, mit einiger, ja mit großer Gewißheit Ihnen eine frohe und freudenreiche Zukunft vorher zu kündigen. Denken Sie nur, mein Freund, an unsre schönen und herrlichen Pläne, an unsre Reisen. Wie vielen Genuß bieten sie uns dar, selbst den reichsten in den scheinbar ungünstigsten Zufällen, wenigstens doch nach ihnen, durch die Erinnerung. Oder blicken Sie über die Vollendung unsrer Reisen hin, und sehen Sie sich an, den an Kenntnissen bereicherten, an Herz und Geist durch Erfahrung und Tätigkeit gebildeten Mann. Denn Bildung muß der Zweck unsrer Reise sein und wir müssen ihn erreichen, oder der Entwurf ist so unsinnig wie die Ausführung ungeschickt.

Dann, mein Freund, wird die Erde unser Vaterland, und alle Menschen unsre Landsleute sein. Wir werden uns stellen und wenden können wohin wir wollen, und immer glücklich sein. Ja wir werden unser Glück zum Teil in der Gründung des Glücks anderer finden, und andere bilden, wie wir bisher selbst gebildet worden sind.

Wie viele Freuden gewährt nicht schon allein die wahre und richtige Wertschätzung der Dinge. Wie oft gründet sich das Unglück eines Menschen bloß darin, daß er den Dingen unmögliche Wirkungen zuschrieb, oder aus Verhältnissen falsche Resultate zog, und sich darinnen in seinen Erwartungen betrog. Wir werden uns seltner irren, mein Freund, wir durchschauen dann die Geheimnisse der physischen wie der moralischen Welt, bis dahin, versteht sich, wo der ewige Schleier über sie waltet, und was wir bei dem Scharfblick unsres Geistes von der Natur erwarten, das leistet sie gewiß. Ja es ist im richtigen Sinne sogar möglich, das Schicksal selbst zu leiten, und wenn uns dann auch das große allgewaltige Rad einmal mit sich fortreißt, so verlieren wir doch nie das Gefühl unsrer selbst, nie das Bewußtsein unseres Wertes.

Selbst auf diesem Wege kann der Weise, wie jener Dichter sagt, *Honig aus jeder Blume saugen.* Er kennt den großen Kreislauf der Dinge, und freut sich daher der Vernichtung wie dem Segen, weil er weiß, daß in ihr wieder der Keim zu neuen und schöneren Bildungen liegt.

Und nun, mein Freund, noch ein paar Worte über ein Übel, welches ich mit Mißvergnügen als Keim in Ihrer Seele zu entdecken glaube. Ohne, wie es scheint, gegründete, vielleicht Ihnen selbst unerklärbare Ursachen, ohne besonders üble Erfahrungen, ja vielleicht selbst ohne die Bekanntschaft eines einzigen durchaus bösen Menschen, scheint es, als ob Sie die Menschen hassen und scheuen.

Lieber, in Ihrem Alter ist das besonders übel, weil es die Verknüpfung mit Menschen und die Unterstützung derselben noch so sehr nötig macht. Ich glaube nicht, mein Freund, daß diese Empfindung als Grundzug in Ihrer Seele liegt, weil sie die Hoffnung zu Ihrer vollkommnen Ausbildung, zu welcher Ihre übrigen Anlagen doch berechtigen, zerstören und Ihren Charakter unfehlbar entstellen würde. Daher glaube ich eher und lieber, worauf auch besonders Ihre Äußerungen hinzudeuten scheinen, daß es eine von jenen fremdartigen Empfindungen ist, die eigentlich keiner menschlichen Seele und besonders der Ihrigen nicht, eigentümlich sein sollte, und die Sie, von irgendeinem Geiste der Sonderbarkeit und des Widerspruchs getrieben, und von einem an Ihnen unverkennbaren Trieb der Auszeichnung verführt, nur durch Kunst und Bemühung in Ihrer Seele verpflanzt haben.

Verpflanzungen, mein Freund, sind schon im allgemeinen Sinne nicht gut, weil sie immer die Schönheit des Einzelnen und die Ordnung des Ganzen stören. Südfrüchte in Nordländern zu verpflanzen, – das mag noch hingehen, der unfruchtbare Himmelsstrich mag die unglücklichen Bewohner und ihren Eingriff in die Ordnung der Dinge rechtfertigen; aber die kraft- und saftlosen verkrüppelten Erzeugnisse des Nordens in den üppigsten südlichen Himmelstrich zu verpflanzen, – Lieber, es dringt sich nur gleich die Frage auf, wozu? Also der mögliche Nutzen kann es nur rechtfertigen.

Was ich aber auch denke und sinne, mein Freund, nicht ein einziger Nutzen tritt vor meine Seele, wohl aber Heere von Übeln.

Ich weiß es und Sie haben es mir ja oft mitgeteilt, Sie fühlen in sich einen lebhaften Tätigkeitstrieb, Sie wünschen einst viel und im großen zu wirken. Das ist schön, mein Freund, und Ihres Geistes würdig, auch Ihr Wirkungskreis wird sich finden, und die relativen Begriffe von groß und klein wird die Zeit feststellen.

Aber ich stoße hier gleich auf einen gewaltigen Widerspruch, den ich nicht anders zu Ihrer Ehre auflösen kann, als wenn ich die Empfindung des Menschenhasses geradezu aus Ihrer Seele wegstreiche. Denn wenn Sie wirken und schaffen wollen, wenn Sie Ihre Existenz für die Existenz andrer aufopfern und so Ihr Dasein gleichsam vertausendfachen wollen, Lieber, wenn Sie nur für andre sammeln, wenn Sie Kräfte, Zeit und Leben, nur für andre aufopfern wollen, – wem können Sie wohl dieses kostbare Opfer bringen, als dem, was Ihrem Herzen am teuersten ist, und am nächsten liegt?

Ja, mein Freund, Tätigkeit verlangt ein Opfer, ein Opfer verlangt Liebe, und so muß sich die Tätigkeit auf wahre innige Menschenliebe gründen, sie müßte denn eigennützig sein, und nur für sich selbst schaffen wollen.

Ich möchte hier schließen, mein Freund, denn das, was ich Ihnen zur Bekämpfung des Menschenhasses, wenn Sie wirklich so unglücklich wären ihn in Ihrer Brust zu verschließen, sagen könnte, wird mir durch die Vorstellung dieser häßlichen abscheulichen Empfindung, so widrig, daß es mein ganzes Wesen empört. Menschenhaß! Ein Haß über ein ganzes Menschengeschlecht! O Gott! Ist es möglich, daß ein Menschenherz weit genug für so viel Haß ist!

Und gibt es denn nichts Liebenswürdiges unter den Menschen mehr? Und gibt es keine Tugenden mehr unter ihnen, keine Gerechtigkeit, keine Wohltätigkeit, keine Bescheidenheit im Glücke, keine Größe und Standhaftigkeit im Unglück? Gibt es denn keine redlichen Väter, keine zärtlichen Mütter, keine frommen Töchter mehr? Rührt Sie denn der Anblick eines frommen Dulders, eines geheimen Wohltäters nicht? Nicht der Anblick einer schönen leidenden Unschuld? Nicht der Anblick einer triumphierenden Unschuld? Ach und wenn sich auch im ganzen Umkreis der Erde nur ein einziger Tugendhafter fände, dieser einzige wiegt ja eine ganze Hölle von Bösewichtern auf, um dieses einzigen willen – kann man ja die ganze Menschheit nicht hassen. Nein, lieber Freund, es stellt sich in unsrer gemeinen Lebensweise nur die Außenseite der Dinge dar, nur starke und heftige Wirkungen fesseln unsern Blick, die mäßigen entschlüpfen ihm in dem Tumult der Dinge. Wie mancher Vater darbt und sorgt für den Wohlstand seiner Kinder, wie manche Tochter betet und arbeitet für die armen und kranken Eltern, wie manches Opfer erzeugt und vollendet sich im Stillen, wie manche wohltätige Hand waltet im Dunkeln. Aber das Gute und Edle gibt nur sanfte Eindrücke, und doch liebt der Mensch die heftigen, er gefällt sich in der Bewunderung und Entzückung, und das Große und Ungeheure ist es eben, worin die Menschen nicht stark sind. Und wenn es doch nur gerade das Große und Ungeheure ist, nach dessen Eindrücken Sie sich am meisten sehnen, nun, mein Freund, auch für diese Genüsse läßt sich sorgen, auch dazu findet sich Stoff in dem Umkreis der Dinge. Ich rate Ihnen daher nochmals die Geschichte an, nicht als Studium, sondern als Lektüre. Vielleicht ist die große Überschwemmung von Romanen, die, nach Ihrer eignen Mitteilung, auch Ihre Phantasie einst unter Wasser gesetzt hat (verzeihn Sie mir diesen unedlen Ausdruck), aber vielleicht ist diese zu häufige Lektüre an der Empfindung des Menschenhasses schuld, die so ungleichartig und fremd neben Ihren andern Empfindungen steht. Ein gutes leichtsinniges Herz hebt sich so gern in diese erdichteten Welten empor, der Anblick so vollkommner Ideale entzückt es, und fliegt dann einmal ein Blick über das Buch hinweg, so verschwindet die Zauberin, die magere Wirklichkeit umgibt es, und statt seiner Ideale grinset ihn ein Alltagsgesicht an. Wir beschäftigen uns dann mit Plänen zur Realisierung dieser Träumereien, und oft um so inniger, je weniger wir durch Handel und Wandel selbst dazu beitragen, wir finden dann die Menschen zu ungeschickt für unsern Sinn, und so erzeugt sich die erste Empfindung der Gleichgültigkeit und Verachtung gegen sie.

Aber wie ganz anders ist es mit der Geschichte, mein Freund! Sie ist die getreue Darstellung dessen, was sich zu allen Zeiten unter den Menschen zugetragen hat. Da hat keiner etwas hinzugesetzt, keiner etwas weggelassen, es finden sich keine phantastische Ideale, keine Dichtung, nichts als wahre trockne Geschichte. Und dennoch, mein Freund, finden sich darin schöne herrliche Charaktergemälde großer erhabner Menschen, Menschen wie Sokrates und Christus, deren ganzer Lebenslauf Tugend war, Taten, wie des Leonidas, des Regulus, und alle die unzähligen griechischen und römischen, die alles, was die Phantasie möglicherweise nur erdichten kann, erreichen und übertreffen. Und da, mein Freund, können wir wahrhaft sehn, auf welche Höhe der Mensch sich stellen, wie nah er an die Gottheit treten kann! Das darf und soll Sie mit Bewunderung und Entzückung füllen, aber, mein Freund, es soll Sie aber auch mit Liebe für das Geschlecht erfüllen, dessen Stolz sie waren, mit Liebe zu der großen Gattung, zu der sie gehören, und deren Wert sie durch ihre Erscheinung so unendlich erhöht und veredelt haben.

Vielleicht sehn Sie sich um in diesem Augenblick unter den Völkern der Erde, und suchen und vermissen einen Sokrates, Christus, Leonidas, Regulus etc. Irren Sie sich nicht, mein Freund! Alle diese Männer waren große, seltne Menschen, aber daß wir das wissen, daß sie so berühmt geworden sind, haben sie dem Zufall zu danken, der ihre Verhältnisse so glücklich stellte, daß die Schönheit ihres Wesens wie eine Sonne daraus hervorstieg.

Ohne den *Melitus* und ohne den *Herodes* würde *Sokrates* und *Christus* uns vielleicht unbekannt geblieben, und doch nicht minder groß und erhaben gewesen sein. Wenn sich Ihnen also in diesem Zeitpunkt kein so bewundrungswürdiges Wesen ankündigt, – – mein Freund, ich wünsche nur, daß Sie nicht etwa denken mögen, die Menschen seien von ihrer Höhe herabgesunken, vielmehr es scheint ein Gesetz über die Menschheit zu walten, daß sie sich im allgemeinen zu allen Zeiten gleichbleibt, wie oft auch immer die Völker mit Gestalt und Form wechseln mögen.

Aus allen diesen Gründen, mein teurer Freund, verscheuchen Sie, wenn er wirklich in Ihrem Busen wohnt, den häßlich unglückseligen und, wie ich Sie überzeugt habe, selbst ungegründeten Haß der Menschen. Liebe und Wohlwollen müssen nur den Platz darin einnehmen. Ach es ist ja so öde und traurig zu hassen und zu fürchten, und es ist so süß und so freudig zu lieben und zu trauen. Ja, wahrlich, mein Freund, es ist ohne Menschenliebe gewiß kein Glück möglich, und ein so liebloses Wesen wie ein Menschenfeind ist auch keines wahren Glückes wert.

Und dann noch eines, Lieber, ist denn auch ohne Menschenliebe jene Bildung möglich, der wir mit allen unsern Kräften entgegenstreben? Alle Tugenden beziehn sich ja auf die Menschen, und sie sind nur Tugenden insofern sie ihnen nützlich sind. Großmut, Bescheidenheit, Wohltätigkeit, bei allen diesen Tugenden fragt es sich, gegen wen? und für wen? und wozu? Und immer dringt sich die Antwort auf, für die Menschen, und zu ihrem Nutzen.

Besonders dienlich wird unsre entworfne Reise sein, um Ihnen die Menschen gewiß von einer recht liebenswürdigen Seite zu zeigen. Tausend wohltätige Einflüsse erwarte und hoffe ich von ihr, aber besonders nur für Sie den ebenbenannten. Die Art unsrer Reise verschafft uns ein glückliches Verhältnis mit den Menschen. Sie erfüllen nur nicht gern, was man laut von ihnen verlangt, aber leisten desto lieber was man schweigend von sie hofft.

Schon auf unsrer kleinen Harzwanderung haben wir häufig diese frohe Erfahrung gemacht. Wie oft, wenn wir ermüdet und erschöpft von der Reise in ein Haus traten, und den Nächsten um einen Trunk Wasser baten, wie oft reichten die ehrlichen Leute uns Bier oder Milch und weigerten sich Bezahlung anzunehmen. Oder sie ließen freiwillig Arbeit und Geschäft im Stiche, um uns Verirrte oft auf entfernte rechte Wege zu führen. Solche stillen Wünsche werden oft empfunden, und ohne Geräusch und Anspruch erfüllt, und mit Händedrücken bezahlt, weil die geselligen Tugenden gerade diejenigen sind, deren jeder in Zeit der Not bedarf. Aber freilich, große Opfer darf und soll man auch nicht verlangen.

Über die allmähliche Verfertigung der Gedanken beim Reden

Wenn du etwas wissen willst und es durch Meditation nicht finden kannst, so rate ich dir, mein lieber, sinnreicher Freund, mit dem nächsten Bekannten, der dir aufstößt, darüber zu sprechen. Es braucht nicht eben ein scharfdenkender Kopf zu sein, auch meine ich es nicht so, als ob du ihn darum befragen solltest: nein! Vielmehr sollst du es ihm selber allererst erzählen. Ich sehe dich zwar große Augen machen, und mir antworten, man habe dir in frühern Jahren den Rat gegeben, von nichts zu sprechen, als nur von Dingen, die du bereits verstehst. Damals aber sprachst du wahrscheinlich mit dem Vorwitz, *andere*, ich will, daß du aus der verständigen Absicht sprechest, *dich* zu belehren, und so könnten, für verschiedene Fälle verschieden, beide Klugheitsregeln vielleicht gut nebeneinander bestehen. Der Franzose sagt, l'appétit vient en mangeant, und dieser Erfahrungssatz bleibt wahr, wenn man ihn parodiert, und sagt, l'idée vient en parlant. Oft sitze ich an meinem Geschäftstisch über den Akten, und erforsche, in einer verwickelten Streitsache, den Gesichtspunkt, aus welchem sie wohl zu beurteilen sein möchte. Ich pflege dann gewöhnlich ins Licht zu sehen, als in den hellsten Punkt, bei dem Bestreben, in welchem mein innerstes Wesen begriffen ist, sich aufzuklären. Oder ich suche, wenn mir eine algebraische Aufgabe vorkommt, den ersten Ansatz, die Gleichung, die die gegebenen Verhältnisse ausdrückt, und aus welcher sich die Auflösung nachher durch Rechnung leicht ergibt. Und siehe da, wenn ich mit meiner Schwester davon rede, welche hinter mir sitzt, und arbeitet, so erfahre ich, was ich durch ein vielleicht stundenlanges Brüten nicht herausgebracht haben würde. Nicht, als ob sie es mir, im eigentlichen Sinne *sagte*; denn sie kennt weder das Gesetzbuch, noch hat sie den Euler, oder den Kästner studiert. Auch nicht, als ob sie mich durch geschickte Fragen auf den Punkt hinführte, auf welchen es ankommt, wenn schon dies letzte häufig der Fall sein mag. Aber weil ich doch irgendeine dunkle Vorstellung habe, die mit dem, was ich suche, von fern her in einiger Verbindung steht, so prägt, wenn ich nur dreist damit den Anfang mache, das Gemüt, während die Rede fortschreitet, in der Notwendigkeit, dem Anfang nun auch ein Ende zu finden, jene verworrene Vorstellung zur völligen Deutlichkeit aus, dergestalt, daß die Erkenntnis, zu meinem Erstaunen, mit der Periode fertig ist. Ich mische unartikulierte Töne ein, ziehe die Verbindungswörter in die Länge, gebrauche auch wohl eine Apposition, wo sie nicht nötig wäre, und bediene mich anderer, die Rede ausdehnender, Kunstgriffe, zur Fabrikation meiner Idee auf der Werkstätte der Vernunft, die gehörige Zeit zu gewinnen. Dabei ist mir nichts heilsamer, als eine Bewegung meiner Schwester, als ob sie mich unterbrechen wollte; denn mein ohnehin schon angestrengtes Gemüt wird durch diesen Versuch von außen, ihm die Rede, in deren Besitz es sich befindet, zu entreißen, nur noch mehr erregt, und in seiner Fähigkeit, wie ein großer General, wenn die Umstände drängen, noch um einen Grad höher gespannt. In diesem Sinne begreife ich, von welchem Nutzen Molière seine Magd sein konnte; denn wenn er derselben, wie er vorgibt, ein Urteil zutraute, das das seinige berichten konnte, so ist dies eine Bescheidenheit, an deren Dasein in seiner Brust ich nicht glaube. Es liegt ein sonderbarer Quell der Begeisterung für denjenigen, der spricht, in einem menschlichen Antlitz, das ihm gegenübersteht; und ein Blick, der uns einen halbausgedrückten Gedanken schon als begriffen ankündigt, schenkt uns oft den Ausdruck für die ganze andere Hälfte desselben. Ich glaube, daß mancher große Redner, in dem Augenblick, da er den Mund aufmachte, noch nicht wußte, was er sagen würde. Aber die Überzeugung, daß er die ihm nötige Gedankenfülle schon aus den Umständen, und der daraus resultierenden Erregung seines Gemüts schöpfen würde, machte ihn dreist genug, den Anfang, auf gutes Glück hin, zu setzen. Mir fällt jener »Donnerkeil« des Mirabeau ein, mit welchem er den Zeremonienmeister abfertigte, der nach Aufhebung der letzten monarchischen Sitzung des Königs am 23. Juni, in welcher dieser den Ständen auseinanderzugehen anbefohlen hatte, in den Sitzungssaal, in welchem die Stände noch verweilten, zurückkehrte, und sie befragte, ob sie den Befehl des Königs vernommen hätten? »Ja«, antwortete Mirabeau, »wir haben des Königs Befehl vernommen« –

ich bin gewiß, daß er bei diesem humanen Anfang, noch nicht an die Bajonette dachte, mit welchen er schloß: »ja, mein Herr«, wiederholte er, »wir haben ihn vernommen« – man sieht, daß er noch gar nicht recht weiß, was er will. »Doch was berechtigt Sie« – fuhr er fort, und nun plötzlich geht ihm ein Quell ungeheurer Vorstellungen auf – »uns hier Befehle anzudeuten? Wir sind die Repräsentanten der Nation.« – Das war es was er brauchte! »Die Nation gibt Befehle und empfängt keine« – um sich gleich auf den Gipfel der Vermessenheit zu schwingen. »Und damit ich mich Ihnen ganz deutlich erkläre« – und erst jetzo findet er, was den ganzen Widerstand, zu welchem seine Seele gerüstet dasteht, ausdrückt: »so sagen Sie Ihrem Könige, daß wir unsre Plätze anders nicht, als auf die Gewalt der Bajonette verlassen werden.« – Worauf er sich, selbst zufrieden, auf einen Stuhl niedersetzte. – Wenn man an den Zeremonienmeister denkt, so kann man sich ihn bei diesem Auftritt nicht anders, als in einem völligen Geistesbankrott vorstellen; nach einem ähnlichen Gesetz, nach welchem in einem Körper, der von dem elektrischen Zustand Null ist, wenn er in eines elektrisierten Körpers Atmosphäre kommt, plötzlich die entgegengesetzte Elektrizität erweckt wird. Und wie in dem elektrisierten dadurch, nach einer Wechselwirkung, der ihm inwohnende Elektrizitätsgrad wieder verstärkt wird, so ging unseres Redners Mut, bei der Vernichtung seines Gegners, zur verwegensten Begeisterung über. Vielleicht, daß es auf diese Art zuletzt das Zucken einer Oberlippe war, oder ein zweideutiges Spiel an der Manschette, was in Frankreich den Umsturz der Ordnung der Dinge bewirkte. Man liest, daß Mirabeau, sobald der Zeremonienmeister sich entfernt hatte, aufstand, und vorschlug: 1) sich sogleich als Nationalversammlung, und 2) als unverletzlich, zu konstituieren. Denn dadurch, daß er sich, einer Kleistischen Flasche gleich, entladen hatte, war er nun wieder neutral geworden, und gab, von der Verwegenheit zurückgekehrt, plötzlich der Furcht vor dem Chatelet, und der Vorsicht, Raum. – Dies ist eine merkwürdige Übereinstimmung zwischen den Erscheinungen der physischen und moralischen Welt, welche sich, wenn man sie verfolgen wollte, auch noch in den Nebenumständen bewähren würde. Doch ich verlasse mein Gleichnis, und kehre zur Sache zurück. Auch Lafontaine gibt, in seiner Fabel: Les animaux malades de la peste, wo der Fuchs dem Löwen eine Apologie zu halten gezwungen ist, ohne zu wissen, wo er den Stoff dazu hernehmen soll, ein merkwürdiges Beispiel von einer allmählichen Verfertigung des Gedankens aus einem in der Not hingesetzten Anfang. Man kennt diese Fabel. Die Pest herrscht im Tierreich, der Löwe versammelt die Großen desselben, und eröffnet ihnen, daß dem Himmel, wenn er besänftigt werden solle, ein Opfer fallen müsse. Viele Sünder seien im Volke, der Tod des größesten müsse die übrigen vom Untergang retten. Sie möchten ihm daher ihre Vergehungen aufrichtig bekennen. Er, für sein Teil gestehe, daß er, im Drange des Hungers, manchem Schafe den Garaus gemacht; auch dem Hunde, wenn er ihm zu nahe gekommen; ja, es sei ihm in leckerhaften Augenblicken zugestoßen, daß er den Schäfer gefressen. Wenn niemand sich größerer Schwachheiten schuldig gemacht habe, so sei er bereit zu sterben. »Sire«, sagt der Fuchs, der das Ungewitter von sich ableiten will, »Sie sind zu großmütig. Ihr edler Eifer führt Sie zu weit. Was ist es, ein Schaf erwürgen? Oder einen Hund, diese nichtswürdige Bestie?« Und: »quant au berger«, fährt er fort, denn dies ist der Hauptpunkt: »on peut dire«, obschon er noch nicht weiß was? »qu'il méritoit tout mal«, auf gut Glück; und somit ist er verwickelt; »étant«, eine schlechte Phrase, die ihm aber Zeit verschafft: »de ces genslà«, und nun erst findet er den Gedanken, der ihn aus der Not reißt: »qui sur les animaux se font un chimérique empire.« – Und jetzt beweist er, daß der Esel, der blutdürstige! (der alle Kräuter auffrißt) das zweckmäßigste Opfer sei, worauf alle über ihn herfallen, und ihn zerreißen. – Ein solches Reden ist ein wahrhaftes lautes Denken. Die Reihen der Vorstellungen und ihrer Bezeichnungen gehen nebeneinander fort, und die Gemütsakten für eins und das andere, kongruieren. Die Sprache ist alsdann keine Fessel, etwa wie ein Hemmschuh an dem Rade des Geistes, sondern wie ein zweites, mit ihm parallel fortlaufendes, Rad an seiner Achse. Etwas ganz anderes ist es wenn der Geist schon, vor aller Rede, mit dem Gedanken fertig ist. Denn dann muß er bei seiner bloßen Ausdrückung zurückbleiben, und dies Geschäft, weit entfernt ihn zu erregen, hat vielmehr keine andere Wirkung, als ihn von seiner Erregung abzuspannen. Wenn daher eine Vorstellung verworren ausgedrückt wird, so folgt der Schluß noch gar nicht, daß sie auch verworren gedacht worden sei; vielmehr könnte es leicht sein, daß die verworrenst ausgedrückten grade am deutlichsten gedacht werden. Man sieht oft in einer Gesellschaft, wo durch ein lebhaftes Gespräch, eine kontinuierliche Befruchtung der Gemüter mit Ideen im Werk ist, Leute, die sich, weil sie sich der Sprache nicht mächtig fühlen, sonst in der Regel zurückgezogen halten, plötzlich mit einer zuckenden Bewegung, aufflammen, die Sprache an sich reißen und etwas Unverständliches zur Welt bringen. Ja, sie scheinen, wenn sie nun die Aufmerksamkeit aller auf sich gezogen haben, durch ein verlegnes Gebärdenspiel anzudeuten, daß sie selbst nicht mehr recht wissen, was sie haben sagen wollen. Es ist wahrscheinlich, daß diese Leute etwas recht Treffendes, und sehr deutlich, gedacht haben. Aber der plötzliche Geschäftswechsel, der Übergang ihres Geistes vom Denken zum Ausdrücken, schlug die ganze Erregung desselben, die zur Festhaltung des Gedankens notwendig, wie zum Hervorbringen erforderlich war, wieder nieder. In solchen Fällen ist es um so unerläßlicher, daß uns die Sprache mit Leichtigkeit zur Hand sei, um dasjenige, was wir gleichzeitig gedacht haben, und doch nicht gleichzeitig von uns geben können, wenigstens so schnell, als möglich, aufeinander folgen zu lassen. Und überhaupt wird jeder, der, bei gleicher Deutlichkeit, geschwinder als sein Gegner spricht, einen Vorteil über ihn haben, weil er gleichsam mehr Truppen als er ins Feld führt. Wie notwendig eine gewisse Erregung des Gemüts ist, auch selbst nur, um Vorstellungen, die wir schon gehabt haben, wieder zu erzeugen, sieht man oft, wenn offene, und unterrichtete Köpfe examiniert werden, und man ihnen ohne vorhergegangene Einleitung, Fragen vorlegt, wie diese: was ist der Staat? Oder: was ist das Eigentum? Oder dergleichen. Wenn diese jungen Leute sich in einer Gesellschaft befunden hätten, wo man sich vom Staat, oder vom Eigentum, schon eine Zeitlang unterhalten hätte, so würden sie vielleicht mit Leichtigkeit durch Vergleichung, Absonderung, und Zusammenfassung der Begriffe, die Definition gefunden haben. Hier aber, wo diese Vorbereitung des Gemüts gänzlich fehlt, sieht man sie stocken, und nur ein unverständiger Examinator wird daraus schließen daß sie nicht wissen. Denn nicht wir wissen, es ist allererst ein gewisser Zustand unsrer, welcher weiß. Nur ganz gemeine Geister, Leute, die, was der Staat sei, gestern auswendig gelernt, und morgen schon wieder vergessen haben, werden hier mit der Antwort bei der Hand sein. Vielleicht gibt es überhaupt keine schlechtere Gelegenheit, sich von einer vorteilhaften Seite zu zeigen, als grade ein öffentliches Examen. Abgerechnet, daß es schon widerwärtig und das Zartgefühl verletzend ist, und daß es reizt, sich stetig zu zeigen, wenn solch ein gelehrter Roßkamm uns nach den Kenntnissen sieht, um uns, je nachdem es fünf oder sechs sind, zu kaufen oder wieder abtreten zu lassen: es ist so schwer, auf ein menschliches Gemüt zu spielen und ihm seinen eigentümlichen Laut abzulocken, es verstimmt sich so leicht unter ungeschickten Händen, daß selbst der geübteste Menschenkenner, der in der Hebeammenkunst der Gedanken, wie Kant sie nennt, auf das meisterhafteste bewandert wäre, hier noch, wegen der Unbekanntschaft mit sei nem Sechswöchner, Mißgriffe tun könnte. Was übrigens solchen jungen Leuten, auch selbst den unwissendsten noch, in den meisten Fällen ein gutes Zeugnis verschafft, ist der Umstand, daß die Gemüter der Examinatoren, wenn die Prüfung öffentlich geschieht, selbst zu sehr befangen sind, um ein freies Urteil fällen zu können. Denn nicht nur fühlen sie häufig die Unanständigkeit dieses ganzen Verfahrens: man würde sich schon schämen, von jemandem, daß er seine Geldbörse vor uns ausschütte, zu fordern, viel weniger, seine Seele: sondern ihr eigener Verstand muß hier eine gefährliche Musterung passieren, und sie mögen oft ihrem Gott danken, wenn sie selbst aus dem Examen gehen können, ohne sich Blößen, schmachvoller vielleicht, als der, eben von der Universität kommende, Jüngling gegeben zu haben, den sie examinierten.

Betrachtungen über den Weltlauf

Es giebt Leute, die sich die Epochen, in welchen die Bildung einer Nation fortschreitet, in einer gar wunderlichen Ordnung vorstellen. Sie bilden sich ein, daß ein Volk zuerst in thierischer *Rohheit* und *Wildheit* daniederläge; daß man nach Verlauf einiger Zeit, das Bedürfniß einer Sittenverbesserung empfinden, und somit die *Wissenschaft von der Tugend* aufstellen müsse; daß man, um den Lehren derselben Eingang zu verschaffen, daran denken würde, sie in schönen Beispielen zu versinnlichen, und daß somit die *Aesthetik* erfunden werden würde: daß man nunmehr, nach den Vorschriften derselben, schöne Versinnlichungen verfertigen, und somit die *Kunst* selbst ihren Ursprung nehmen würde: und daß vermittelst der Kunst endlich das Volk auf die höchste Stufe menschlicher *Cultur* hinaufgeführt werden würde. Diesen Leuten dient zur Nachricht, daß Alles, wenigstens bei den Griechen und Römern, in ganz umgekehrter Ordnung erfolgt ist. Diese Völker machten mit der *heroischen* Epoche, welche ohne Zweifel die höchste ist, die erschwungen werden kann, den Anfang; als sie in keiner menschlichen und bürgerlichen Tugend mehr Helden hatten, *dichteten* sie welche; als sie keine mehr dichten konnten, erfanden sie dafür die *Regeln*; als sie sich in den Regeln verwirrten, abstrahirten sie die *Weltweisheit* selbst; und als sie damit fertig waren, wurden sie *schlecht*.

    z.

Brief eines Malers an seinen Sohn

Mein lieber Sohn,

Du schreibst mir, daß du eine Madonna malst, und daß dein Gefühl dir, für die Vollendung dieses Werks, so unrein und körperlich dünkt, daß du jedesmal, bevor du zum Pinsel greifst, das Abendmahl nehmen möchtest, um es zu heiligen. Laß dir von deinem alten Vater sagen, daß dies eine falsche, dir von der Schule, aus der du herstammst, anklebende Begeisterung ist, und daß es, nach Anleitung unserer würdigen alten Meister, mit einer gemeinen, aber übrigens rechtschaffenen Lust an dem Spiel, deine Einbildungen auf die Leinwand zu bringen, völlig abgemacht ist. Die Welt ist eine wunderliche Einrichtung; und die göttlichsten Wirkungen, mein lieber Sohn, gehen aus den niedrigsten und unscheinbarsten Ursachen hervor. Der Mensch, um dir ein Beispiel zu geben, das in die Augen springt, gewiß, er ist ein erhabenes Geschöpf; und gleichwohl, in dem Augenblick, da man ihn macht, ist es nicht nötig, daß man dies, mit vieler Heiligkeit, bedenke. Ja, derjenige, der das Abendmahl darauf nähme, und mit dem bloßen Vorsatz ans Werk ginge, seinen Begriff davon in der Sinnenwelt zu konstruieren, würde ohnfehlbar ein ärmliches und gebrechliches Wesen hervorbringen; dagegen derjenige, der, in einer heitern Sommernacht, ein Mädchen, ohne weiteren Gedanken, küßt, zweifelsohne einen Jungen zur Welt bringt, der nachher, auf rüstige Weise, zwischen Erde und Himmel herumklettert, und den Philosophen zu schaffen gibt. Und hiermit Gott befohlen.

Brief eines jungen Dichters an einen jungen Maler

Uns Dichtern ist es unbegreiflich, wie ihr euch entschließen könnt, ihr lieben Maler, deren Kunst etwas so Unendliches ist, jahrelang zuzubringen mit dem Geschäft, die Werke eurer großen Meister zu kopieren. Die Lehrer, bei denen ihr in die Schule geht, sagt ihr, leiden nicht, daß ihr eure Einbildungen, ehe die Zeit gekommen ist, auf die Leinewand bringt; wären wir aber, wir Dichter, in eurem Fall gewesen, so meine ich, wir würden unsern Rücken lieber unendlichen Schlägen ausgesetzt haben, als diesem grausamen Verbot ein Genüge zu tun. Die Einbildungskraft würde sich, auf ganz unüberwindliche Weise, in unseren Brüsten geregt haben, und wir, unseren unmenschlichen Lehrern zum Trotz, gleich, sobald wir nur gewußt hätten, daß man mit dem Büschel, und nicht mit dem Stock am Pinsel malen müsse, heimlich zur Nachtzeit die Türen verschlossen haben, um uns in der Erfindung, diesem Spiel der Seligen, zu versuchen. Da, wo sich die Phantasie in euren jungen Gemütern vorfindet, scheint uns, müsse sie, unerbittlich und unrettbar, durch die endlose Untertänigkeit, zu welcher ihr euch beim Kopieren in Galerien und Sälen verdammt, zu Grund und Boden gehen. Wir wissen, in unsrer Ansicht schlecht und recht von der Sache nicht, was es mehr bedarf, als das Bild, das euch rührt, und dessen Vortrefflichkeit ihr euch anzueignen wünscht, mit Innigkeit und Liebe, durch Stunden, Tage, Wochen, Monden, oder meinethalben Jahre, anzuschauen. Wenigstens dünkt uns, läßt sich ein doppelter Gebrauch von einem Bilde machen; einmal der, den ihr davon macht, nämlich die Züge desselben nachzuschreiben, um euch die Fertigkeit der malerischen Schrift einzulernen; und dann in seinem Geist, gleich vom Anfang herein, nachzuerfinden. Und auch diese Fertigkeit müßte, sobald als nur irgend möglich, gegen die Kunst selbst, deren wesentliches Stück die Erfindung nach eigentümlichen Gesetzen ist, an den Nagel gehängt werden. Denn die Aufgabe, Himmel und Erde! ist ja nicht, ein anderer, sondern ihr selbst zu sein, und euch selbst, euer Eigenstes und Innerstes, durch Umriß und Farben, zur Anschauung zu bringen! Wie mögt ihr euch nur in dem Maße verachten, daß ihr willigen könnt, ganz und gar auf Erden nicht vorhanden gewesen zu sein; da eben das Dasein so herrlicher Geister, als die sind, welche ihr bewundert, weit entfernt, euch zu vernichten, vielmehr allererst die rechte Lust in euch erwecken und mit der Kraft, heiter und tapfer, ausrüsten sollen, auf eure eigne Weise gleichfalls zu sein? Aber ihr Leute, ihr bildet euch ein, ihr müßtet durch euren Meister, den Raphael oder Corregge, oder wen ihr euch sonst zum Vorbild gesetzt habt, hindurch; da ihr euch doch ganz und gar umkehren, mit dem Rücken gegen ihn stellen, und, in diametral-entgegengesetzter Richtung, den Gipfel der Kunst, den ihr im Auge habt, auffinden und ersteigen könntet. – So! sagt ihr und seht mich an: was der Herr uns da Neues sagt! und lächelt und zuckt die Achseln. Demnach, ihr Herren, Gott befohlen! Denn da Kopernikus schon vor dreihundert Jahren gesagt hat, daß die Erde rund sei, so sehe ich nicht ein, was es helfen könnte, wenn ich es hier wiederholte. Lebet wohl!

Brief eines Dichters an einen anderen

Mein teurer Freund!

Jüngsthin, als ich dich bei der Lektüre meiner Gedichte fand, verbreitetest du dich, mit außerordentlicher Beredsamkeit, über die Form, und unter beifälligen Rückblicken über die Schule, nach der ich mich, wie du vorauszusetzen beliebst, gebildet habe; rühmtest du mir auf eine Art, die mich zu beschämen geschickt war, bald die Zweckmäßigkeit des dabei zum Grunde liegenden Metrums, bald den Rhythmus, bald den Reiz des Wohlklangs und bald die Reinheit und Richtigkeit des Ausdrucks und der Sprache überhaupt. Erlaube mir, dir zu sagen, daß dein Gemüt hier auf Vorzügen verweilt, die ihren größesten Wert dadurch bewiesen haben würden, daß du sie gar nicht bemerkt hättest. Wenn ich beim Dichten in meinen Busen fassen, meinen Gedanken ergreifen, und mit Händen, ohne weitere Zutat, in den deinigen legen könnte: so wäre, die Wahrheit zu gestehn, die ganze innere Forderung meiner Seele erfüllt. Und auch dir, Freund, dünkt mich, bliebe nichts zu wünschen übrig: dem Durstigen kommt es, als solchem, auf die Schale nicht an, sondern auf die Früchte, die man ihm darin bringt. Nur weil der Gedanke, um zu erscheinen, wie jene flüchtigen, undarstellbaren, chemischen Stoffe, mit etwas Gröberem, Körperlichen, verbunden sein muß: nur darum bediene ich mich, wenn ich mich dir mitteilen will, und nur darum bedarfst du, um mich zu verstehen, der Rede, Sprache, des Rhythmus, Wohlklangs usw. und so reizend diese Dinge auch, insofern sie den Geist einhüllen, sein mögen, so sind sie doch an und für sich, aus diesem höheren Gesichtspunkt betrachtet, nichts, als ein wahrer, obschon natürlicher und notwendiger Übelstand; und die Kunst kann, in bezug auf sie, auf nichts gehen, als sie möglichst verschwinden zu machen. Ich bemühe mich aus meinen besten Kräften, dem Ausdruck Klarheit, dem Versbau Bedeutung, dem Klang der Worte Anmut und Leben zu geben: aber bloß, damit diese Dinge gar nicht, vielmehr einzig und allein der Gedanke, den sie einschließen, erscheine. Denn das ist die Eigenschaft aller echten Form, daß der Geist augenblicklich und unmittelbar daraus hervortritt, während die mangelhafte ihn, wie ein schlechter Spiegel, gebunden hält, und uns an nichts erinnert, als an sich selbst. Wenn du mir daher, in dem Moment der ersten Empfängnis, die Form meiner kleinen, anspruchslosen Dichterwerke lobst: so erweckst du in mir, auf natürlichem Wege, die Besorgnis, daß darin ganz falsche rhythmische und prosodische Reize enthalten sind, und daß dein Gemüt, durch den Wortklang oder den Versbau, ganz und gar von dem, worauf es mir eigentlich ankam, abgezogen worden ist. Denn warum solltest du sonst dem Geist, den ich in die Schranken zu rufen bemüht war, nicht Rede stehen, und grade wie im Gespräch, ohne auf das Kleid meines Gedankens zu achten, ihm selbst, mit deinem Geiste, entgegentreten? Aber diese Unempfindlichkeit gegen das Wesen und den Kern der Poesie, bei der, bis zur Krankheit, ausgebildeten Reizbarkeit für das Zufällige und die Form, klebt deinem Gemüt überhaupt, meine ich, von der Schule an, aus welcher du stammst; ohne Zweifel gegen die Absicht dieser Schule, welche selbst geistreicher war, als irgendeine, die je unter uns auftrat, obschon nicht ganz, bei dem paradoxen Mutwillen ihrer Lehrart, ohne ihre Schuld. Auch bei der Lektüre von ganz andern Dichterwerken, als der meinigen, bemerke ich, daß dein Auge (um es dir mit einem Sprichwort zu sagen) den Wald vor seinen Bäumen nicht sieht. Wie nichtig oft, wenn wir den Shakespeare zur Hand nehmen, sind die Interessen, auf welchen du mit deinem Gefühl verweilst, in Vergleich mit den großen, erhabenen, weltbürgerlichen, die vielleicht nach der Absicht dieses herrlichen Dichters in deinem Herzen anklingen sollten! Was kümmert mich, auf den Schlachtfeldern von Agincourt, der Witz der Wortspiele, die darauf gewechselt werden; und wenn Ophelia vom Hamlet sagt: »welch ein edler Geist ward hier zerstört!« – oder Macduff vom Macbeth: »er hat keine Kinder!« – Was liegt an Jamben, Reimen, Assonanzen und dergleichen Vorzügen, für welche dein Ohr stets, als gäbe es gar keine andere, gespitzt ist? – Lebe wohl!

Abschiedsbriefe

An Marie von Kleist

Deine Briefe haben mir das Herz zerspalten, meine teuerste Marie, und wenn es in meiner Macht gewesen wäre, so versichre ich Dich, ich würde den Entschluß zu sterben, den ich gefaßt habe, wieder aufgegeben haben. Aber ich schwöre Dir, es ist mir ganz unmöglich länger zu leben; meine Seele ist so wund, daß mir, ich möchte fast sagen, wenn ich die Nase aus dem Fenster stecke, das Tageslicht wehe tut, das mir darauf schimmert. Das wird mancher für Krankheit und überspannt halten; nicht aber Du, die fähig ist, die Welt auch aus andern Standpunkten zu betrachten als aus dem Deinigen. Dadurch daß ich mit Schönheit und Sitte, seit meiner frühsten Jugend an, in meinen Gedanken und Schreibereien, unaufhörlichen Umgang gepflogen, bin ich so empfindlich geworden, daß mich die kleinsten Angriffe, denen das Gefühl jedes Menschen nach dem Lauf der Dinge hienieden ausgesetzt ist, doppelt und dreifach schmerzen. So versichre ich Dich, wollte ich doch lieber zehnmal den Tod erleiden, als noch einmal wieder erleben, was ich das letztemal in Frankfurt an der Mittagstafel zwischen meinen beiden Schwestern, besonders als die alte Wackern dazukam, empfunden habe; laß es Dir nur einmal gelegentlich von Ulriken erzählen. Ich habe meine Geschwister immer, zum Teil wegen ihrer gutgearteten Persönlichkeiten, zum Teil wegen der Freundschaft, die sie für mich hatten, von Herzen lieb gehabt; so wenig ich davon gesprochen habe, so gewiß ist es, daß es einer meiner herzlichsten und innigsten Wünsche war, ihnen einmal, durch meine Arbeiten und Werke, recht viel Freude und Ehre zu machen. Nun ist es zwar wahr, es war in den letzten Zeiten, von mancher Seite her, gefährlich, sich mit mir einzulassen, und ich klage sie desto weniger an, sich von mir zurückgezogen zu haben, je mehr ich die Not des Ganzen bedenke, die zum Teil auch auf ihren Schultern ruhte; aber der Gedanke, das Verdienst, das ich doch zuletzt, es sei nun groß oder klein, habe, gar nicht anerkannt zu sehn, und mich von ihnen als ein ganz nichtsnutziges Glied der menschlichen Gesellschaft, das keiner Teilnahme mehr wert sei, betrachtet zu sehn, ist mir überaus schmerzhaft, wahrhaftig, es raubt mir nicht nur die Freuden, die ich von der Zukunft hoffte, sondern es vergiftet mir auch die Vergangenheit. – Die Allianz, die der König jetzt mit den Franzosen schließt, ist auch nicht eben gemacht mich im Leben festzuhalten. Mir waren die Gesichter der Menschen schon jetzt, wenn ich ihnen begegnete, zuwider, nun würde mich gar, wenn sie mir auf der Straße begegneten, eine körperliche Empfindung anwandeln, die ich hier nicht nennen mag. Es ist zwar wahr, es fehlte mir sowohl als ihnen an Kraft, die Zeit wieder einzurücken; ich fühle aber zu wohl, daß der Wille, der in meiner Brust lebt, etwas anderes ist, als der Wille derer, die diese witzige Bemerkung machen: dergestalt, daß ich mit ihnen nichts mehr zu schaffen haben mag. Was soll man doch, wenn der König diese Allianz abschließt, länger bei ihm machen? Die Zeit ist ja vor der Tür, wo man wegen der Treue gegen ihn, der Aufopferung und Standhaftigkeit und aller andern bürgerlichen Tugenden, von ihm selbst gerichtet, an den Galgen kommen kann.

An Marie von Kleist

Meine liebste Marie, mitten in dem Triumphgesang, den meine Seele in diesem Augenblick des Todes anstimmt, muß ich noch einmal Deiner gedenken und mich Dir, so gut wie ich kann, offenbaren: Dir, der einzigen, an deren Gefühl und Meinung mir etwas gelegen ist; alles andere auf Erden, das Ganze und Einzelne, habe ich völlig in meinem Herzen überwunden. Ja, es ist wahr, ich habe Dich hintergangen, oder vielmehr ich habe mich selbst hintergangen; wie ich Dir aber tausendmal gesagt habe, daß ich dies nicht überleben würde, so gebe ich Dir jetzt, indem ich von Dir Abschied nehme, davon den Beweis. Ich habe Dich während Deiner Anwesenheit in Berlin gegen eine andere Freundin vertauscht; aber wenn Dich das trösten kann, nicht gegen eine, die mit mir leben, sondern, die im Gefühl, daß ich ihr ebenso wenig treu sein würde, wie Dir, mit mir sterben will. Mehr Dir zu sagen, läßt mein Verhältnis zu dieser Frau nicht zu. Nur so viel wisse, daß meine Seele, durch die Berührung mit der ihrigen, zum Tode ganz reif geworden ist; daß ich die ganze Herrlichkeit des menschlichen Gemüts an dem ihrigen ermessen habe, und daß ich sterbe, weil mir auf Erden nichts mehr zu lernen und zu erwerben übrig bleibt. Lebe wohl! Du bist die allereinzige auf Erden, die ich jenseits wieder zu sehen wünsche. Etwa Ulriken? – ja, nein, nein, ja: es soll von ihrem eignen Gefühl abhangen. Sie hat, dünkt mich, die Kunst nicht verstanden sich aufzuopfern, ganz für das, was man liebt, in Grund und Boden zu gehn: das Seligste, was sich auf Erden erdenken läßt, ja worin der Himmel bestehen muß, wenn es wahr ist, daß man darin vergnügt und glücklich ist. Adieu! – Rechne hinzu, daß ich eine Freundin gefunden habe, deren Seele wie ein junger Adler fliegt, wie ich noch in meinem Leben nichts Ähnliches gefunden habe; die meine Traurigkeit als eine höhere, festgewurzelte und unheilbare begreift, und deshalb, obschon sie Mittel genug in Händen hätte mich hier zu beglücken, mit mir sterben will; die mir die unerhörte Lust gewährt, sich, um dieses Zweckes willen, so leicht aus einer ganz wunschlosen Lage, wie ein Veilchen aus einer Wiese, heraus heben zu lassen; die einen Vater, der sie anbetet, einen Mann, der großmütig genug war sie mir abtreten zu wollen, ein Kind, so schön und schöner als die Morgensonne, um meinetwillen verläßt: und Du wirst begreifen, daß meine ganze jauchzende Sorge nur sein kann, einen Abgrund tief genug zu finden, um mit ihr hinab zu stürzen. – Adieu noch einmal! –

An Sophie Müller

Der Himmel weiß, meine liebe, treffliche Freundin, was für sonderbare Gefühle, halb wehmütig, halb ausgelassen, uns bewegen, in dieser Stunde, da unsere Seelen sich, wie zwei fröhliche Luftschiffer, über die Welt erheben, noch einmal an Sie zu schreiben. Wir waren doch sonst, müssen Sie wissen, wohl entschlossen, bei unseren Bekannten und Freunden keine Karten p. p. c. abzugeben. Der Grund ist wohl, weil wir in tausend glücklichen Augenblicken an Sie gedacht, weil wir uns tausendmal vorgestellt haben, wie Sie in Ihrer Gutmütigkeit aufgelacht (aufgejauchzt) haben würden, wenn Sie uns in der grünen oder roten Stube beisammen gesehen hätten. Ja, die Welt ist eine wunderliche Einrichtung! – Es hat seine Richtigkeit, daß wir uns, Jettchen und ich, wir zwei trübsinnige, trübselige Menschen, die sich immer ihrer Kälte wegen angeklagt haben, von ganzem Herzen lieb gewonnen haben, und der beste Beweis davon ist wohl, daß wir jetzt mit einander sterben.

Leben Sie wohl, unsre liebe, liebe Freundin, und seien Sie auf Erden, wie es gar wohl möglich ist, recht glücklich! Wir, unsererseits, wollen nichts von den Freuden dieser Welt wissen und träumen lauter himmlische Fluren und Sonnen, in deren Schimmer wir, mit langen Flügeln an den Schultern, umher wandeln werden. Adieu! Einen Kuß von mir, dem Schreiber, an Müller; er soll zuweilen meiner gedenken, und ein rüstiger Streiter Gottes gegen den Teufel Aberwitz bleiben, der die Welt in Banden hält.–

An Frau Manitius

Meine überaus geliebte Manitius! Hier mit diesen paar Zeilen übergebe ich Dir mein schönstes Klein-od, was ich nächst Vogel auf Erden zurücklasse. Erschrick nicht, teure Frau, wenn ich Dir sage, daß ich sterben werde, ja daß ich heut sterben werde. – Die Zeit ist kurz, die mir noch übrig ist, deshalb be-schwöre ich Dich nun bei unserer Liebe, mein Kind, mein Einziges, zu Dir zu nehmen, Du wirst ihm ganz Mutter sein und mich so unaussprechlich beruhigen. Über meinen Tod werde ich Dir jenseit mehr Auskunft geben können. – Lebe denn wohl, meine liebe liebe Manitius, Vogel wird Dir wahrscheinlich Paulinchen selbst bringen und erzählen, was er davon begreifen kann. Herr von Kleist, der mit mir stirbt, küßt Dir zärtlichst die Hände und empfiehlt sich mit mir aufs angelegentlichste Deinem teuren Mann. Adieu, adieu Deine Deine bis in alle Ewigkeit.

Adieu, adieu! v. Kleist.

An Ulrike von Kleist

Ich kann nicht sterben, ohne mich, zufrieden und heiter, wie ich bin, mit der ganzen Welt, und somit auch, vor allen anderen, meine teuerste Ulrike, mit Dir versöhnt zu haben. Laß sie mich, die strenge Äußerung, die in dem Briefe an die Kleisten enthalten ist, laß sie mich zurücknehmen; wirklich, Du hast an mir getan, ich sage nicht, was in Kräften einer Schwester, sondern in Kräften eines Menschen stand, um mich zu retten: die Wahrheit ist, daß mir auf Erden nicht zu helfen war. Und nun lebe wohl; möge Dir der Himmel einen Tod schenken, nur halb an Freude und unaussprechlicher Heiterkeit, dem meinigen gleich: das ist der herzlichste und innigste Wunsch, den ich für Dich aufzubringen weiß.

Dein
Heinrich.

Stimmings bei Potsdam
d. – am Morgen meines Todes

An Marie von Kleist

Meine liebste Marie, wenn Du wüßtest, wie der Tod und die Liebe sich abwechseln, um diese letzten Augenblicke meines Lebens mit Blumen, himmlischen und irdischen, zu bekränzen, gewiß Du würdest mich gern sterben lassen. Ach, ich versichre Dich, ich bin ganz selig. Morgens und abends knie ich nieder, was ich nie gekonnt habe, und bete zu Gott; ich kann ihm mein Leben, das allerqualvollste, das je ein Mensch geführt hat, jetzo danken, weil er es mir durch den herrlichsten und wollüstigsten aller Tode vergütigt. Ach, könnt ich nur etwas für Dich tun, das den herben Schmerz, den ich Dir verursachen werde, mildern könnte! Auf einen Augenblick war es mein Wille mich malen zu lassen; aber alsdann glaubte ich wieder zuviel Unrecht gegen Dich zu haben, als daß mir erlaubt sein könnte vorauszusetzen, mein Bild würde Dir viel Freude machen. Kann es Dich trösten, wenn ich Dir sage, daß ich diese Freundin niemals gegen Dich vertauscht haben würde, wenn sie weiter nichts gewollt hätte, als mit mir leben? Gewiß, meine liebste Marie, so ist es; es hat Augenblicke gegeben, wo ich meiner lieben Freundin, offenherzig, diese Worte gesagt habe. Ach, ich versichre Dich, ich habe Dich so lieb, Du bist mir so überaus teuer und wert, daß ich kaum sagen kann, ich liebe diese liebe vergötterte Freundin mehr als Dich. Der Entschluß, der in ihrer Seele aufging, mit mir zu sterben, zog mich, ich kann Dir nicht sagen, mit welcher unaussprechlichen und unwiderstehlichen Gewalt, an ihre Brust; erinnerst Du Dich wohl, daß ich Dich mehrmals gefragt habe, ob Du mit mir sterben willst? – Aber Du sagtest immer nein – Ein Strudel von nie empfundner Seligkeit hat mich ergriffen, und ich kann Dir nicht leugnen, daß mir ihr Grab lieber ist als die Betten aller Kaiserinnen der Welt. – Ach, meine teure Freundin, möchte Dich Gott bald abrufen in jene bessere Welt, wo wir uns alle, mit der Liebe der Engel, einander werden ans Herz drücken können. – Adieu.

An Ernst Friedrick Peguilhen

H. Kriegsrat Peguillhin, Wohlgeb., Berlin, Markgrafenstraße, im Falkschen Hause, das zweite Haus von der Behrenstraße. Der Bote bekommt noch 12 Gr. Kurant.

[Henriette Vogel]

Mein sehr werter Freund! Ihrer Freundschaft die Sie für mich, bis dahin immer so treu bewiesen, ist es vorbehalten, eine wunderbare Probe zu bestehen, denn wir beide, nämlich der bekannte Kleist und ich befinden uns hier bei Stimmings, auf dem Wege nach Potsdam, in einem sehr unbeholfenen Zustande, indem wir erschossen da liegen, und nun der Güte eines wohlwollenden Freundes entgegen sehn, um unsre gebrechliche Hülle, der sicheren Burg der Erde zu übergeben. Suchen Sie liebster Peguilhen diesen Abend hier einzutreffen und alles so zu veranstalten, daß mein guter Vogel möglichst wenig dadurch erschreckt wird, diesen Abend oder Nacht wollte Louis seinen Wagen nach Potsdam [schicken], um mich von dort, wo ich vorgab hinzureisen, abholen zu lassen, dies möchte ich Ihnen zur Nachricht sagen, damit Sie die besten Maßregeln darnach treffen können. Grüßen Sie Ihre von mir herzlich geliebte Frau und Tochter viel tausendmal, und sein Sie teurer Freund überzeugt daß Ihre und Ihrer Angehörigen Liebe und Freundschaft mich noch im letzten Augenblick meines Lebens die größte Freude macht.

Ihre A. Vogel

Ein kleines versiegeltes schwarzes ledernes Felleisen, und einen versiegelten Kasten worin noch Nachrichten für Vogel, Briefe, Geld und Kleidungsstücke auch Bücher vorhanden, werden Sie bei Stimmings finden. Für die darin befindlichen 10 Rth. Kurant wünschte ich eine recht schöne blaßgraue Tasse, inwendig vergoldet, mit einer goldnen Arabeske auf weißem Grunde zum Rand, und am Oberkopf im weißen Felde mein Vornamen, die Fasson wie sie jetzt am modernsten ist. Wenn Sie sich dieser Kommission halber an Buchhalter Meves auf der Porzellanfabrik wendeten, mit dem Bedeuten diese Tasse am Weihnachts-Heiligabend Louis eingepackt zuzuschicken, doch würden Sie mein lieber Freund mit der Bestellung eilen müssen, weil sie sonst nicht fertig werden möchte. Leben Sie wohl und glücklich. –

Einen kleinen Schlüssel werden Sie noch eingesiegelt im Kasten finden, er gehört zum Vorhängeschloß des einen Koffer zu Hause bei Vogel, worin noch mehrere Briefe und andre Sachen zum Besorgen liegen.

Ich kann wohl Ihre Freundschaft auch mein liebster Peguillhin für einige kleine Gefälligkeiten in Anspruch nehmen. Ich habe nämlich vergessen, meinen Barbier für den laufenden Monat zu bezahlen, und bitte, ihm 1 Rth. à 1/3 C zu geben, die Sie eingewickelt in dem Kasten der Mad. Vogel finden werden. Die Vogeln sagt mir eben, daß *Sie* den Kasten aufbrechen und alle Kommissionen die sich darin finden besorgen möchten: damit Vogel nicht gleich damit behelligt würde – Endlich bitte ich noch, das ganze, kleine, schwarzlederne Felleisen, das mir gehört, mit Ausnahme der Sachen die etwa zu meiner Bestattung gebraucht werden möchten, meinem Wirt, dem Quartiermeister Müller, Mauerstraße Nr. 53, als einen kleinen Dank für seine gute Aufnahme und Bewirtung, zu schenken. – Leben Sie recht wohl, mein liebster Peguillhin; meinen Abschiedsgruß und Empfehlung an Ihre vortreffliche Frau und Tochter.

H. v. Kleist.

Man sagt hier d. 21. Nov.; wir wissen aber nicht ob es wahr ist.

N. S. In dem Koffer der Mad. Vogel, der in Berlin in ihrem Hause in der Gesindestube mit messingnem Vorlegeschloß steht, und wozu der kleine versiegelte Schlüssel, der hier im Kasten liegt, paßt – in diesem Koffer befinden sich drei Briefe von mir, die ich Sie noch herzlichst zu besorgen bitte. Nämlich:

1) einen Brief an die Hofrätin Müller, nach Wien;

2) einen Brief an meinen Bruder Leopold nach Stolpe, welche beide mit der Post zu besorgen sind (der erstere kann vielleicht durch den guten Brillen-Voß spediert werden); und

3) einen Brief, an Fr. v. Kleist, geb. v. Gualtieri, welchen ich an den Major v. Below, Gouverneur des Prinzen Friedrich von Hessen, auf dem Schlosse, abzugeben bitte.

Endlich liegt

4) noch ein Brief an Fr. v. Kleist, in den hiesigen Kasten der Mad. Vogel, welchen ich gleichfalls und *zu gleicher Zeit* an den Major v. Below, abzugeben bitte. – Adieu!

N. S. Kommen Sie recht bald zu Stimmings hinaus, mein liebster Peguillhin, damit Sie uns bestatten können. Die Kosten, was mich betrifft, werden Ihnen von Frankfurt aus, von meiner Schwester Ulrike wieder erstattet werden. – Die Vogeln bemerkt noch, daß zu dem Koffer mit dem messingnen Vorhängeschloß, der in Berlin, in ihrer Gesindestube steht, und worin viele Kommissionen sind, der Schlüssel hier versiegelt in dem hölzernen Kasten liegt. – Ich glaube, ich habe dies schon einmal geschrieben, aber die Vogel besteht darauf, daß ich es noch einmal schreibe.

H. v. Kl.

Gedichte

Der Engel am Grabe des Herrn

Als still und kalt, mit sieben Todeswunden,
Der Herr in seinem Grabe lag; das Grab,
Als sollt es zehn lebendge Riesen fesseln,
In eine Felskluft schmetternd eingehauen;
Gewälzet, mit der Männer Kraft, verschloß
Ein Sandstein, der Bestechung taub, die Türe;
Rings war des Landvogts Siegel aufgedrückt:
Es hätte der Gedanke selber nicht
Der Höhle unbemerkt entschlüpfen können;
Und gleichwohl noch, als ob zu fürchten sei,
Es könn auch der Granitblock sich bekehren,
Ging eine Schar von Hütern auf und ab,
Und starrte nach des Siegels Bildern hin:
Da kamen, bei des Morgens Strahl,
Des ewgen Glaubens voll, die drei Marien her,
Zu sehn, ob Jesus noch darinnen sei:
Denn Er, versprochen hatt er ihnen,
Er werd am dritten Tage auferstehn.
Da nun die Fraun, die gläubigen, sich nahten
Der Grabeshöhle: was erblickten sie?
Die Hüter, die das Grab bewachen sollten,
Gestürzt, das Angesicht in Staub,
Wie Tote, um den Felsen lagen sie;
Der Stein war weit hinweggewälzt vom Eingang;
Und auf dem Rande saß, das Flügelpaar noch regend,
Ein Engel, wie der Blitz erscheint,
Und sein Gewand so weiß wie junger Schnee.
Da stürzten sie, wie Leichen, selbst, getroffen,
Zu Boden hin, und fühlten sich wie Staub,
Und meinten, gleich im Glanze zu vergehn:
Doch er, er sprach, der Cherub: »Fürchtet nicht!
Ihr suchtet Jesum, den Gekreuzigten –
Der aber ist nicht hier, er ist erstanden:
Kommt her, und schaut die öde Stätte an.«
Und fuhr, als sie, mit hocherhobnen Händen,
Sprachlos die Grabesstätte leer erschaut,
In seiner hehren Milde also fort:
»Geht hin, ihr Fraun, und kündigt es nunmehr
Den Jüngern an, die er sich auserkoren,
Daß sie es allen Erdenvölkern lehren,
Und tun also, wie er getan«: und schwand.

Herr von Goethe

Siehe, das nenn ich doch würdig, fürwahr, sich im Alter beschäftgen!
Er zerlegt jetzt den Strahl, den seine Jugend sonst warf.

Die Welt und die Weisheit

Lieber! Die Welt ist nicht so rund wie dein Wissen. An allem,
Was du mir eben gesagt, kenn ich den Genius auch.

Die tiefste Erniedrigung

Wehe, mein Vaterland, dir! Das Lied dir zum Ruhme zu singen,
Ist, getreu dir im Schoß, mir, deinem Dichter, verwehrt!

Das letzte Lied

Fern ab am Horizont, auf Felsenrissen,
Liegt der gewitterschwarze Krieg getürmt.
Die Blitze zucken schon, die ungewissen,
Der Wandrer sucht das Laubdach, das ihn schirmt.
Und wie ein Strom, geschwellt von Regengüssen,
Aus seines Ufers Bette heulend stürmt,
Kommt das Verderben, mit entbundnen Wogen,
Auf alles, was besteht, herangezogen.
Der alten Staaten graues Prachtgerüste

Sinkt donnernd ein, von ihm hinweggespült,
Wie, auf der Heide Grund, ein Wurmgeniste,
Von einem Knaben scharrend weggewühlt;
Und wo das Leben, um der Menschen Brüste,
In tausend Lichtern jauchzend hat gespielt,
Ist es so lautlos jetzt, wie in den Reichen,
Durch die die Wellen des Kozytus schleichen.
Und ein Geschlecht, von düsterm Haar umflogen,

Tritt aus der Nacht, das keinen Namen führt,
Das, wie ein Hirngespinst der Mythologen,
Hervor aus der Erschlagnen Knochen stiert;
Das ist geboren nicht und nicht erzogen
Vom alten, das im deutschen Land regiert:
Das läßt in Tönen, wie der Nord an Strömen,
Wenn er im Schilfrohr seufzet, sich vernehmen.
Und du, o Lied, voll unnennbarer Wonnen,

Das das Gefühl so wunderbar erhebt,
Das, einer Himmelsurne wie entronnen,
Zu den entzückten Ohren niederschwebt,
Bei dessen Klang, empor ins Reich der Sonnen,
Von allen Banden frei die Seele strebt;
Dich trifft der Todespfeil; die Parzen winken,
Und stumm ins Grab mußt du daniedersinken.
Erschienen, festlich, in der Völker Reigen,

Wird dir kein Beifall mehr entgegen blühn,
Kein Herz dir klopfen, keine Brust dir steigen,
Dir keine Träne mehr zur Erde glühn,
Und nur wo einsam, unter Tannenzweigen,
Zu Leichensteinen stille Pfade fliehn,
Wird Wanderern, die bei den Toten leben,
Ein Schatten deiner Schön' entgegenschweben.
Und stärker rauscht der Sänger in die Saiten,

Der Töne ganze Macht lockt er hervor,
Er singt die Lust, fürs Vaterland zu streiten,

Und machtlos schlägt sein Ruf an jedes Ohr, –
Und da sein Blick das Blutpanier der Zeiten
Stets weiter flattern sieht, von Tor zu Tor,
Schließt er sein Lied, er wünscht mit ihm zu enden,
Und legt die Leier weinend aus den Händen.

Biografische Aufzeichnungen

Biographisches Essay: Der Kampf mit dem Dämon (Stefan Zweig)

Die abgestorbne Eiche steht im Sturm,
doch die gesunde stürzt er schmetternd nieder,
weil er in ihre Krone greifen kann.

›Penthesilea‹

Der Gejagte

> Ich bin dir wohl ein Rätsel.
> Nun tröste dich; Gott ist es mir.
> ›Die Familie Schroffenstein‹

Es gibt keine Windrichtung Deutschlands, in die er, der Ruhelose, nicht gefahren ist, es gibt keine Stadt, in der er, der ewig Heimatlose, nicht gehaust hat. Fast immer ist er unterwegs. Von Berlin saust er mit der rollenden Postkutsche nach Dresden, ins Erzgebirge, nach Bayreuth, nach Chemnitz, plötzlich jagt es ihn nach Würzburg, dann fährt er quer durch den napoleonischen Krieg nach Paris. Ein Jahr will er dort bleiben, aber schon nach wenigen Wochen flüchtet er in die Schweiz, wechselt Bern mit Thun, und Basel wieder mit Bern, fällt jählings wie ein geschleuderter Stein in Wielands stilles Haus zu Oßmannstedt. Und über Nacht treibt es ihn wieder fort, nochmals rennt er auf heißen Speichen über Mailand und die italienischen Seen nach Paris, stürzt sich sinnlos nach Boulogne mitten in eine fremde Armee und wacht dann plötzlich todkrank in Mainz auf. Und wieder wirft es ihn hinüber nach Berlin, nach Potsdam: ein Jahr lang nagelt ihn, den Unbeständigen, ersehntes Amt in Königsberg an, dann bricht er wieder los, will quer durch die marschierenden Franzosen nach Dresden, wird aber als vermeintlicher Spion nach Châlons geschleppt. Kaum befreit, flirrt er im Zickzack durch die Städte, stürmt von Dresden, mitten im österreichischen Krieg, nach Wien, wird bei Aspern während der Schlacht verhaftet und rettet sich nach Prag. Manchmal verschwindet er monatelang wie ein unterirdischer Fluß, taucht tausend Meilen weit wieder auf: schließlich schleudert die Schwerkraft den Gejagten zurück nach Berlin. Ein paarmal zuckt er mit zerbrochenen Flügeln noch hin und her, ein letztes Mal tastet er hinüber nach Frankfurt, bei der Schwester, bei den Verwandten ein Dickicht zu finden vor dem furchtbaren Jäger, der hinter ihm hetzt. Aber er findet keine Rast. So steigt er zum letzten Male in den Reisewagen (sein wahres, sein einziges Haus in all den vierunddreißig Jahren) und fährt hinaus an den Wannsee, wo er sich die Kugel in den Kopf schmettert. An einer Landstraße ist sein Grab.

Was treibt Kleist auf diesen Reisen? Oder vielmehr: was treibt ihn? Hier hilft keine Philologie: seine Reisen sind fast alle im letzten ganz sinnlos, sie haben keine Zwecke und kaum auch nur bestimmte Ziele. Sachlich sind sie nicht zu erklären. Was biedere Forschung da Gründe nennt, sind meist nur Vorwände, künstliche Masken vor dem Antlitz des Dämons. Nüchternen bleibt dieser ahasverische Trieb ewig rätselhaft: es ist darum auch kein Zufall, daß er dreimal als Spion verhaftet wird. In Boulogne rüstet Napoleon zur Landung in England – plötzlich torkelt wie ein Traumwandler der kaum entlassene preußische Offizier zwischen den Truppen herum. Ein Wunder rettet ihn vor dem Erschießen. Die Franzosen marschieren nach Berlin – gemächlich spaziert er durch die Kompagnien, bis man ihn festnimmt und interniert. Bei Aspern kämpfen die Österreicher die entscheidende Schlacht: quer über die Walstatt wandert der Somnambule des Geistes, nichts anderes zur Legitimation in der Tasche als ein paar patriotische Gedichte. Ein solches sorgloses Verhalten ist logisch unerklärbar: hier waltet übermächtiger Zwang, waltet entsetzliche Ruhelosigkeit in einer selbstgequälten Seele. Man hat von geheimen Missionen gesprochen, die ihm anvertraut waren, um seine Fahrten zu erklären: das mag für die eine oder die andere gelten, nicht aber für die ewige Flucht seiner Existenz. In Wahrheit hat Kleist bei allen seinen Reisen kein Ziel.

Er hat kein Ziel, er pfeilt nicht einer Stadt, einem Land, einer Absicht zu – er schnellt sich nur ab von dem überspannten Bogen, fort von sich selbst. Er will sich entlaufen, etwas in sich gewaltsam überrennen, er wechselt (wie Lenau – ihm innig verwandt – einmal ähnlich in seinem Gedichte vom »Seelenkranken« sagt) die Städte wie ein Fiebernder die Kissen. Überall hofft er Kühlung, hofft er Genesung: aber wen der Dämon treibt, dem brennt kein Herd und wächst kein Dach. So stürzt Rimbaud die Länder entlang, so tauscht Nietzsche Ort und Ort und Beethoven Wohnung und Wohnung, so schleudert es Lenau von Kontinent zu Kontinent: sie alle haben die Peitsche, die furchtbare, der Lebensunruhe in sich, den tragischen Unbestand des Seins. Alle sind sie Getriebene einer unbekannten Macht, verurteilt, ihr niemals zu entrinnen:

denn der sie treibt, kreist fiebrig in ihrem Blut, haust herrisch in der eigenen Stirn. Sie müssen sich vernichten, um den Feind in sich, ihren Herrn und Dämon, zu vernichten.

Kleist weiß, wohin es ihn treibt. Er weiß es von Anfang an – in den Abgrund. Nur weiß er nicht immer, ob er vor dem Abgrund flieht oder ihm entgegenbrennt. Manchmal scheinen (Homburg verrät's vor dem offenen Grab) seine Hände ganz verkrampft an das Leben, ganz eingewühlt in die letzte Krume Erde, die ihn, den Stürzenden, halten soll. Dann sucht er Halt gegen das ungeheure Ziehen zur Tiefe, er sucht sich anzuketten an die Schwester, an Frauen, an Freunde, daß sie ihn halten. Und manchmal wieder strömt er beinahe über von lechzender Sehnsucht nach dem Ende, nach jenem letzten Hinab in die letzte Tiefe. Immer weiß er um den Abgrund, aber er weiß nicht, ob er vor ihm liegt oder hinter ihm, ob er das Leben ist oder der Tod. Kleistens Abgrund ist innen, darum kann er ihm nicht entlaufen. Er trägt ihn mit sich wie seinen Schatten.

So rennt er die Länder entlang wie eine jener lebenden Fackeln, wie die Märtyrerchristen, die Nero in Werg kleiden und dann anzünden ließ und die dann, ganz in Flammen gehüllt, liefen und liefen, ohne zu wissen wohin. Auch Kleist hat nie die Meilenzeiger an den Straßen gesehen: kaum daß er recht die Augen aufschlug in all den Städten, durch die er gefahren ist. Sein ganzes Leben ist ein einziges Flüchten vor dem Abgrund, ein einziges Zurennen gegen die Tiefe, eine entsetzlich qualvolle Jagd mit keuchenden Lungen und gepreßtem Herzen. Darum jener herrlichentsetzliche Jubelschrei, als er endlich, der Qual müde, sich freiwillig in die Tiefe wirft.

Kleistens Leben ist nicht Leben, sondern einzig ein Zujagen auf das Ende, eine ungeheure Jagd mit ihrem tierhaften Rausch von Blut und Sinnlichkeit, von Grausamkeit und Grauen, umrauscht von allen Fanfaren der Erregung und dem Halali der spürenden Lust. Eine ganze Meute von Unglück hetzt hinter ihm her: wie ein gejagter Hirsch wirft er sich in das Dickicht, faßt manchmal in jäher Wende des Willens einen der Hetzhunde des Schicksals, fällt sich sein Opfer – drei, vier, fünf blutheiße Werke, vom Stoß der Leidenschaft gefaßt – und jagt blutend weiter ins Gestrüpp. Und wie sie schon meinen, ihn zu packen, die heißen Rüden des Schicksals, hebt er sich mit letzter Kraft herrlich auf und stürzt sich – ehe Gemeinem zur Beute zu sein – mit einem erhabenen Sprung in den Abgrund.

Bildnis des Bildnislosen

Ich weiß nicht, was ich Dir über mich unaussprechlichen Menschen sagen soll.
Aus einem Brief

Wir haben soviel wie kein Bildnis von ihm. Die höchst ungelenke Miniatur und das zweite, gleichfalls sehr minderwertige Porträt zeigen ein alltägliches, rundes Knabengesicht für den schon erwachsenen Mann, irgendeinen jungen deutschen Menschen mit schwarzem, fragendem Blick. Nichts deutet den Dichter darin oder bloß einen geistigen Menschen, kein Zug lockt die Neugier, die Frage auf nach der Seele unter diesem kalten Antlitz: man geht vorbei, ahnungslos, fremd, unbefriedigt, ohne Neugier. Kleistens Innen saß zu tief unter der Haut. Sein Geheimnis war nicht zu zeichnen und nicht zu malen aus seinem Gesicht.

Es ist auch nicht erzählt. Alle Wesensberichte seiner Zeitgenossen, selbst der Freunde, sind dürftig und sämtlich wenig sinnlich. Man spürt nur eines übereinstimmend aus allen: daß er unscheinbar, verborgen, von einer ganz seltsamen Unauffälligkeit in seinem Wesen wie in seinem Gesicht war. Er hatte nichts, was die Menschen um ihn zur Aufmerksamkeit zwang, er reizte die Maler nicht zur Zeichnung, er verlockte nicht die Dichter zum Bericht. Etwas Lautloses, Unbemerkbares, merkwürdig Unbetontes, etwas nicht nach außen Dringendes muß in ihm gewesen sein, eine Undurchdringlichkeit ohnegleichen. Hunderte sprachen mit ihm, ohne zu ahnen, daß er ein Dichter war; Freunde und Gefährten begegnen ihm Jahr und Jahr, ohne ein einziges Mal der Begegnung schriftlich, brieflich Erwähnung zu tun: kein Dutzend anekdotischer Schilderungen sind aus den vierunddreißig Jahren seines Lebens beisammen. Man erinnere sich, um besser das Schattenhafte von Kleistens Vorübergehen an seiner Generation zu fühlen, an Wielands Bericht, wie er Goethes Ankunft in Weimar schildert, den Feuerstreif seiner Existenz, der jedem, dem er nur von ferne zuleuchtet, die Augen blendet; man gedenke der Bezauberung, die Byron und Shelley, die Jean Paul und Victor Hugo über die Zeit hinstrahlen und die sich tausendfach in Wort, Brief und Gedicht verrät. Niemand setzt auch nur die Feder an, eine Begegnung mit Kleist aufzuzeichnen; die drei Zeilen Clemens Brentanos sind noch das deutlichste sinnlichste Porträt, das wir schriftlich besitzen: »ein untersetzter Zweiunddreißiger mit einem erlebten runden stumpfen Kopf, gemischtlaunig, kindergut, arm und fest«. Selbst sie, diese nüchternste Beschreibung, zeichnet noch mehr den Charakter als das Bild. Alle haben an seinem Wesen vorbeigesehen, kein einziger ihm in die Augen geschaut. Wem er erscheint, erscheint er immer nur von innen.

Das kam, weil seine Schale zu hart war (und dies ist ja in nuce die Tragödie seiner Existenz). Er hielt alles verschlossen in sich selbst. Seine Leidenschaften zuckten nicht hinauf bis in die Augen. Seine Ausbrüche zerbrachen unter der Lippe vor dem ersten Wort. Er sprach wenig, vielleicht aus Scham, weil seine Zunge schwer und stammerig ging, wahrscheinlich auch aus einer Unfreiheit des Gefühls, einer gewaltsamen Zugesperrtheit.

Erschütternd hat er selbst diese Unfähigkeit zur Rede, dieses heiße Siegel auf seiner Lippe, in einem Briefe bekannt. »Es fehlt«, schreibt er, »an einem Mittel zur Mitteilung. Selbst das einzige, das wir besitzen, die Sprache, taugt nicht dazu, sie kann die Seele nicht malen, und was sie uns gibt, sind nur zerrissene Bruchstücke. Deshalb habe ich jedesmal eine Empfindung wie ein Grauen, wenn ich jemandem mein Innerstes aufdecken soll.« So blieb er stumm, nicht aus Tumbheit oder Trägheit, sondern aus einer übermächtigen Keuschheit des Gefühles, und dies Schweigen, dies dumpfe, brütende, lastende Schweigen, mit dem er stundenlang zwischen den andern saß, war das einzige, was den Menschen an ihm auffiel, und dann noch eine gewisse Abwesenheit des Geistes, ein Verwölktsein mitten am klaren Tag. Er brach oft plötzlich ab in der Rede und starrte vor sich hin (immer hinein in den unsichtbaren Abgrund tiefinnen), und Wieland erzählt, daß er »bei Tische sehr häufig zwischen den Zähnen mit sich murmelte und dabei das Air eines Menschen hatte, der sich allein glaubt oder mit seinen Gedanken an einem anderen Ort oder mit ganz anderem Gegenstand beschäftigt ist«. Er konnte nicht plaudern und unbefangen sein, alles Konventionelle und Verbindliche fehlte ihm dermaßen, daß die einen

»etwas Finsteres und Sonderbares« in dem steinernen Gaste unbehaglich ahnten, indes die andern seine Schärfe, sein Zynismus, seine gewaltsame Überwahrheit verdroß (wenn er einmal, durch sein eigenes Schweigen gereizt, aus sich gewaltsam vorbrach). Es wehte keine weiche Luft des Gespräches um sein Wesen, keine anschmiegende Sympathie strahlte von Antlitz und Wort. Die ihn noch am besten verstand, Rahel, hat es am besten gesagt, »es ging streng um ihn her«. Auch sie, die sonst so Schildernde und Erzählende, zeigt ihn nur von innen, nur die Atmosphäre seines Wesens, nicht seines Wesens plastisches Bild. So bleibt er uns der unsichtbare, der »unaussprechliche« Mensch.

Die meisten, die ihm begegneten, bemerkten ihn nicht, oder sie bogen an ihm vorbei mit einem Gefühl von Grauen und Peinlichkeit. Die ihn kannten, liebten ihn, und die ihn liebten, liebten ihn mit Leidenschaft: doch auch ihnen streifte in seiner Gegenwart noch kalt eine geheime Angst über die Seele und hinderte ihnen Herz und Hand. Wem der Verschlossene sich auftat, dem zeigte er seine ganze Tiefe. Aber jeder fühlte sogleich, daß diese Tiefe ein Abgrund war. Keinem wird wohl in seiner Nähe, und doch zieht er die Nächsten magisch an. Keiner verläßt ihn ganz, der ihn kannte, und doch hält keiner bei ihm durch: der Druck seiner Atmosphäre, die Überhitzung seiner Leidenschaft, die Übertreibung seiner Forderungen (von jedem fast fordert er gemeinsamen Tod!) sind zu übermächtig, daß ein zweiter sie ertrüge. Jeder will zu ihm, jeder scheut vor seinem Dämon zurück; jeder vertraut ihm das Höchste und Furchtbarste zugleich, jeder fühlt, daß er nur durch eine Spanne von Tod und Untergang getrennt ist. Wie ihn Pfühl in Paris abends nicht zu Hause findet, stürzt er in die Morgue, ihn unter den Selbstmördern zu suchen. Wie Marie von Kleist eine Woche lang nichts von ihm hört, jagt sie ihren Sohn: er soll ihn aufsuchen und Entsetzliches verhindern. Die ihn nicht kannten, halten ihn für gleichgültig und kalt. Die ihn kennen, schauern und erschrecken vor dem finstern Feuer, das ihn verzehrt. So kann ihn keiner anfassen und stützen: den einen ist er zu kalt, den andern zu heiß. Nur der Dämon bleibt ihm getreu.

Er weiß es selbst, daß es »gefährlich ist, sich mit mir einzulassen«, wie er einmal sagt. Deshalb klagt er auch keinen an, der sich von ihm zurückgezogen: wer ihm nahe war, hat sich versengt an seinem Feuer. Wilhelmine von Zenge, seiner Braut, hat er durch Intransigenz seiner moralischen Forderungen die Jugend verstört, Ulrike, der Lieblingsschwester, das Vermögen weggelebt, Marie von Kleist, die Herzensfreundin, läßt er leer und vereinsamt zurück, Henriette Vogel reißt er mit sich in den Tod. Er kennt die Gefährlichkeit seines Dämons, die furchtbare Fernwirkung seines Innern: so zieht er sich immer mehr, immer krampfhafter in sich selbst zurück, macht sich noch einsamer, als die Natur ihn schuf. Tagelang verbringt er in den letzten Jahren mit der Pfeife im Bett, schreibend und dichtend, selten geht er nur aus, und dann meist »in Tabagien und Kaffeehäuser«. Seine Unmitteilsamkeit wird immer vehementer, immer mehr geht er den Menschen verloren; als er im Jahre 1809 auf ein paar Monate verschwindet, notieren seine Freunde gleichgültig seinen Tod. Er fehlt niemandem, und endete er sein Leben nicht dann derart melodramatisch, so hätte keiner sein Fortsein bemerkt, so stumm, so fremd, so undurchdringlich war er der Welt geworden.

Wir haben kein Bild von ihm, kein Bild seines äußern Wesens und kaum eines seines Innern als die Spiegelschrift seines Werkes, seiner expansiven Briefe. Ein einziges Bild freilich gab es des Bildnislosen, ein wundervolles, das die wenigen erschütterte, die es gelesen, ein Bekenntnis im Geiste Rousseaus, eine »Geschichte meiner Seele«, die er kurz vor seinem Tode verfaßt hat. Aber wir kennen sie nicht, er hat das Manuskript verbrannt, oder die gleichgültigen Hüter seines Nachlasses haben es sorglos vertan so wie seinen Roman und manches andere Werk. So stürzt sein Antlitz ins Dunkel zurück, in dem es vierunddreißig Jahre geschattet. Wir haben kein Bild von ihm; wir kennen nur seinen finstern Begleiter: den Dämon.

Pathologie des Gefühls

Verflucht das Herz, das sich nicht mäßigen kann.
›Penthesilea‹

Die Ärzte, die, von Berlin herbeigeeilt, den noch warmen Leichnam des Selbstmörders untersuchen, finden den Körper gesund und lebenskräftig. In keinem Organ ist ein Gebrest sichtbar und nirgends andere Todesursache erkennbar als die gewaltsame, als die Kugel, die sich der Verzweifelte mit zielsicherer Hand in den Schädel gejagt. Um aber den Befund mit irgendeinem gelehrten Wort zu verbrämen, schreiben sie in das Protokoll der »p.p. Kleist« sei ein »sanguino-cholericus in summo gradu« gewesen und daß man »auf einen krankhaften Gemütszustand« schließen könne. Man sieht: verlegene Worte, ein Befund a posteriori ohne Zeugnis und Beweis. Nur die Vorbedingung ihres Protokolls bleibt uns psychologisch wesenhaft, nämlich, daß Kleist körperlich gesund und lebensfähig, daß seine Organe durchaus intakt waren. Dem widersprechen auch die andern Zeugnisse seiner Biographie nicht, die von geheimnisvollen Nervenzusammenbrüchen, von der Stockigkeit seiner Verdauung, von mancherlei Leiden häufig berichten. Kleistens Krankheiten waren (um einen Terminus der Psychoanalyse zu gebrauchen) wahrscheinlich mehr Flucht in die Krankheit als eigentliches Gebrest, vehemente Ruhebedürfnisse des Leibes nach den ekstatischen Überspannungen der Seele. Seine preußischen Ahnen hatten ihm eine solide, fast allzu harte Physis vererbt: sein Verhängnis stak nicht im Fleisch, zuckte nicht im Blut, sondern schwärmte und gärte unsichtbar in seiner Seele.

Aber er war auch eigentlich nicht ein Seelenkranker, eine hypochondrische, misanthropisch-verdüsterte Natur (obwohl Goethe einmal absprechend sagt, »sein Hypochonder sei doch schon gar zu arg«). Kleist war nicht belastet, war nicht wahnsinnig, höchstens überspannt, wenn wir das Wort im sinnlichsten, wörtlichsten Sinn seines Ursprungs richtig aussprechen wollen (und nicht im verächtlichen, wie es der aufgeplusterte Primanerdichter Theodor Körner bei der Nachricht seines Freitodes vom »überspannten Wesen des Preußen« handhabt). Kleist war überspannt im Sinne von: zu viel gespannt, er war von seinen Gegensätzen ständig auseinandergerissen und beständig bebend in dieser Spannung, die, wenn der Genius sie berührte, gleich einer Saite schwang und klang. Er hatte zu viel Leidenschaft, eine maßlose, zügellose, ausschweifende übertreiberische Leidenschaft des Gefühls, die beständig zum Exzeß drängte und doch nie in Wort oder Tat durchbrechen konnte, weil eine ebenso stark aufgetriebene und übertriebene Sittlichkeit, ein kantisches überkantisches Pflichtmenschentum mit gewaltsamen Imperativen die Leidenschaft zurückstieß und versperrte. Er war leidenschaftlich bis zur Lasterhaftigkeit bei einem fast krankhaften Sauberkeitsempfinden, er wollte immer wahr sein und mußte sich immer verschweigen. Daher dieser Zustand ständiger Spannung und Stauung, diese unerträgliche Qual seelischen Auftriebs bei verpreßten Lippen. Er hatte zuviel Blut bei zuviel Hirn, zuviel Temperament bei zuviel Zucht, zuviel Gier bei zuviel Ethos und war ebenso übertreiberisch im Gefühl wie überwahrhaftig im Geist. So spannte sich der Konflikt immer gewaltsamer durch sein ganzes Leben; allmählich mußte der Druck zur Explosion führen, wenn sich kein Ventil auftat. Und Kleist (das war sein Verhängnis im letzten) hatte kein Ventil, keinen Ausstrom: im Wort gab er sich nicht her, nichts von seinen Spannungen floß ab in Gesprächen, in Spielen, in kleinen erotischen Abenteuern oder verschwemmte sich in Alkohol und Opium. Nur in den Träumen (in seinen Werken) tobten sich schwelgerisch seine wüsten Phantasien, seine überhitzten (und oft dunklen) Triebe aus; wenn er wach war, duckte er sie mit eherner Hand, ohne sie aber ganz töten zu können. Ein Schuß Laxheit, Indifferenz, Knabenhaftigkeit, Sorglosigkeit: und seine Leidenschaften hätten das böse Gehaben eingesperrter Raubtiere verloren; aber er, der Ausschweifendste, Schwelgerischeste im Gefühl, war ein Fanatiker der Zucht, er übte preußischen Drill gegen sich selbst und stand mit sich ständig im Widerstreit. Sein Inneres war wie ein unterirdischer Käfig niedergeduckter, aber nicht gezähmter Gelüste, die er mit dem rotglühenden Eisen gehärteten Willens immer zurückstieß. Aber immer sprangen die hungrigen Bestien wieder in ihm auf. Und schließlich haben sie ihn zerrissen.

Dieses Mißverhältnis zwischen wahrem und selbstgewolltem Wesen, diese ständige Über-spannung von Trieb und Widertrieb schuf seine Qual in Schicksal um. Seine Hälften paßten nicht zusammen und rieben sich ständig blutig: er war ein russischer Mensch, ein Maßloser, lechzend nach Überschwang und dabei eingeschnürt in den Waffenrock eines märkischen Ade-ligen; er hatte große Begierden und dabei das strikte imperativische Bewußtsein, er dürfe ihnen nicht nachgeben. Sein Intellekt verlangte nach Idealität, aber er forderte sie nicht wie Hölderlin (ein anderer Tragiker des Geistes) von der Welt: Kleist postulierte das Ethos nicht für die andern, sondern einzig für sich. Und wie alles, so übertrieb er – der furchtbarste Übertreiber jedes Ge-fühls, jedes Gedankens – auch diese Forderungen der Sittlichkeit: selbst die starre Norm hitzte er sich rotglühend bis zur Leidenschaft. Daß ihm keiner unter den Freunden, den Frauen, den Menschen genügte, hätte ihn nicht zerstört. Daß er sich selbst aber, diesem innern Schwall von Gier und bösem Gelüst nicht gewachsen war, daß er sich, so heiß er war, nicht formen konnte, das vernichtete immer wieder seinen Stolz: daher das Anklägerische seiner Briefe, dies Gefühl des Selbstekels und der Selbstverachtung, dies Verbrechergefühl, das ihm den Blick nach innen verdeckt, den Mund verschlossen und die Seele wund macht. Ewig führt er (immer nur Ankläger) Prozeß mit sich selbst. Ständig hält er über sich Gericht, ein harter Richter – »es ging streng um ihn her«, wie die Rahel sagte, und am strengsten in ihm selbst. Wenn er in sich hineinsah – und Kleist hatte den Mut, wahr zu sehn und bis in die letzte Tiefe zu sehn –, dann graute ihm wie einem, der Medusa erblickt. Er war ganz anders, als er sich wollte: und niemand wollte mehr von sich; kaum hat je ein Mensch höhere moralische Prätensionen an sich gestellt (bei so geringer Fähigkeit, ein kategorisches Ideal zu erfüllen) als Heinrich von Kleist.

Denn wirklich: ein ganzes Schlangennest von Dämonen brütete unter dem kühlen, verdeck-ten, undurchdringlichen Fels seiner äußern Starre, und eine hitzte sich an der andern. Die Fremden haben niemals diesen höllischen Knäuel geahnt unter Kleistens kühler beherrschter Verschlossenheit, aber er selbst kannte es furchtbar gut, dies verknäulte züngelnde Gezücht von Leidenschaft im untersten Schatten seiner Seele. Der Knabe schon hatte es entdeckt und blieb ein ganzes Leben davon verstört: die sinnliche Tragödie Kleistens beginnt früh, Überreiztheit war ihr Anfang, Überreiztheit ihr Ende. Es besteht kein Anlaß, prüde dieser intimsten Krise seiner Jugend auszubiegen, nachdem er sie selbst seiner Braut und seinem Freunde vertraut; und dann: sie ist der dichterische Einstieg hinab ins Labyrinth seiner Leidenschaft. Als junger Kadett hatte er, vor der Kenntnis der Frau, das getan, was so ziemlich alle leidenschaftlichen Knaben seines Alters im Frühlingserwachen der Sexualität tun. Da er ein Kleist war, frönte er maßlos diesem Knabenlaster; da er ein Kleist war, litt er moralisch maßlos an dieser Schwäche seines Willens. Er fühlte sich von solcher Wollüstigkeit seelisch befleckt, körperlich schon zer-rüttet, und seine gräßlich übertreibende Phantasie, die immer in furchtbaren Bildern schwelgt, täuscht ihm entsetzliche Folgen seines Knabenlasters vor. Was andere leicht überwachsen wie eine nichtige Schramme der Jugend, das frißt sich bei ihm wie ein Krebsgeschwür bis tief hin-ein in die Seele: schon verzerrt der Einundzwanzigjährige den (wohl bloß imaginären) Defekt seines Sexus zu Gigantenmaßen. Er schildert in einem Brief jenen (gewiß erfundenen) Jüng-ling im Spital, der an den »Verirrungen seiner Jugend« zugrunde geht, »mit nackten blassen ausgedörrten Gliedern, mit eingesenkter Brust, kraftlos niederhängendem Haupt« einzig sich selbst zur Warnung und Schrecknis; und man fühlt, wie dieser preußische Junker zerfressen sein muß von Selbstekel und Scham über die Erniedrigung, daß er sich nicht selbst gegen die eigene Lust zu verteidigen wußte. Und dazu kommt noch die wahrhaft tragische Steigerung, daß er, der sich sexuell unfähig fühlt, verlobt war mit einem keuschen, unwissenden Mädchen, der er Sittlichkeit in spaltenlangen Exerzitien dozierte (indessen er sich selbst unsauber und beschmutzt empfand bis in den letzten Winkel seiner Seele), daß er ihr die ehelichen Pflichten erklärt und jene der künftigen Mutterschaft (indes er bezweifelt, je die eheliche Mannespflicht noch erfüllen zu können). Damals hebt jenes Doppelleben in Kleist an, der furchtbare Riß, der sein Leben in Spannung ohnegleichen verwandelt, so früh gischtet in dieser noch aufgewei-teten Brust das ganze Gegeneinander der Leidenschaften, dies wilde Gequirl von Scham und Stolz und Sinnlichkeit und Sittlichkeit. Schon damals beginnt jene entsetzliche Überfülltheit in

Kleist, die er scheu und schamhaft niederwürgt, bis ihm doch einmal die Lippe aufspringt und er einem Freund den Wahngedanken, die vermeintliche Schmach anvertraut, die ihn entnervt. Der Freund – Brockes hieß er – war kein Kleist, kein Übertreiber. Er übersah die Situation sofort in ihren klaren natürlichen Maßen, wies Kleist an einen Arzt in Würzburg, und in wenigen Wochen befreite ihn der Chirurg – scheinbar durch Operation, wahrscheinlich aber durch Suggestion – von der vermeintlichen Minderwertigkeit des Geschlechts.

Sein Sexus war nun organisch geheilt. Aber Kleistens Erotik ist niemals ganz normal, ganz begrenzt worden. Es tut sonst in einer menschlichen Biographie nicht not, an das »Geheimnis des Gürtels« zu rühren; aber gerade dieser Gürtel verschließt Kleistens geheimste Kräfte, und trotz seiner eminenten Geistigkeit ist sein Wesen urtümlich von seinem merkwürdig oszillierenden und doch durchaus typischen erotischen Habitus bestimmt. Seine ganze schwelgerische, übertreiberische, zügellos ausschweifende Orgiastik, die gerne in Bildern wühlt und in Überschwängen sich ergießt, hat unzweifelhaft ihre Wesensart von jenen verborgenen Exzessen; und vielleicht hat niemals in der ganzen Literatur eine dichterische Phantasie so klinisch deutlich die Form (ich sage ausdrücklich nicht: das Stigma) einer vorlusthaften, sich schon an Träumen erhitzenden und an Träumen sich aufreibenden und erschöpfenden Knaben-Männlichkeit gehabt. Dichterisch sonst der sachlichste, taghellste Schilderer, wird Kleist in erotischen Episoden sofort schwelgerisch exzessiv, orientalisch-üppig, seine Visionen zu erregten Lustträumen, die sich in traumhaften Übersteigerungen überbieten (die Schilderungen der Penthesilea, das ewig wiederholte Bild der Perserbraut, die nackt von Sandel triefend aus dem Bade steigt) – an diesem Nerv ist sein ganzer so furchtbar verborgener Organismus gleichsam offen und zuckt bei der leisesten Berührung. Hier spürt man, daß der erotische Überreizungszustand seiner Jugend ein unausrottbarer war, daß diese chronische Entzündlichkeit seines Eros fortbestand, so sehr er sie niederzwang und in späteren Jahren auch verschwieg. Aber etwas kam da niemals mehr ins Gleichgewicht, nie hat sich Kleistens Liebesleben (ein gräßliches Wort, das ich nur unwillig anwende) jemals in irgendeiner Beziehung ganz einlinig, geradlinig auf der normalspurigen Bahn gesunder Männlichkeit bewegt. Es ist immer (wie damals) ein Defiziens da, der Mangel an gerader triebhafter Handlung, und immer ein Plus, ein Zuviel an Ekstase, ein Übertreibliches und Überhitztes: alle Beziehungen Kleistens behalten dieses Zuwenig und Zuviel in den wandelndsten Formen, sie schillern durcheinander in den seltsamsten und gefährlichsten Betonungen und Nuancierungen. Eben weil ihm die gerade Stoßkraft des Begehrens (vielleicht auch des Könnens) im Sexuellen fehlte, war er aller Vielfältigkeiten und Zwischengefühle fähig: darum auch seine magische Kenntnis aller Kreuzwege und Seitenschliche des Eros, all der Vermengungen und Verkleidungen des Gelüsts, dies merkwürdige Wissen um das Transvestitentum des Triebs. In ihm schillern alle Übergänge und Verwandlungen, die verwirrendsten Möglichkeiten, immer aber undurchdringliche Unklarheit des erotischen Verlangens. Selbst die ursprüngliche Zielrichtung gegen die Frau ist nicht ganz unwandelbar; während bei Goethe und den meisten Dichtern der Pol ganz rein der Frau zugewandt ist, so sehr er auch in vielfacher Schwingung pendelt, tastet Kleistens unbeherrschter Trieb allen Zielrichtungen zu. Man lese die Briefe an Rühle, Lohse und Pfuel: »Ich habe Deinen schönen Leib oft, wenn Du in Thun…in den See stiegest, mit wahrhaft mädchenhaften Gefühlen betrachtet«, oder noch deutlicher, »Du stelltest das Zeitalter der Griechen in meinem Herzen wieder her, ich hätte bei Dir schlafen können« – und würde einen Homosexuellen in ihm vermuten. Aber Kleist ist nicht invertiert, seine Liebesempfindung hat nur (durch den Mangel an aktivem, stoßhaftem Abfluß) exaltierte Gefühlsformen. Nicht minder glühend und voll jener erotischen Überhitzung der seelischen Empfindung schreibt er an die »Einzige«, an Ulrike, die aber seine Stiefschwester war (und seltsam das Weibische seines Empfindens parodierend, in Manneskleidern mit ihm reiste). Immer mengt er jeder Gefühlregung das brennende Salz seiner übertriebenen Sinnlichkeit bei, immer verwirrt er so die Empfindungen. Bei Luise Wieland, der Dreizehnjährigen, kostet er den Reiz der geistigen Verführung ohne tätliche Beziehung, an Marie von Kleist drängt ihn mütterliches Gefühl, an die letzte Frau, an Henriette Vogel, bindet ihn gleichfalls kein Verhältnis (wie gräßlich doch diese Worte sind), sondern nur die wütige Todeswollüstigkeit. Nie ist eine Beziehung Kleistens zu einer Frau, zu einem Manne klar und einfach, nie eine Liebe, sondern immer ein Vermengtes, Übertriebenes, immer jenes Zuviel und Zuwenig, das seines Eros eigentliches Stigma bildet, immer geht er – wie Goethe mit magisch durchleuchtendem Worte von ihm sagte – »auf eine Verwirrung des Gefühls« aus. Nie schöpft, nie erschöpft er, so tiefer sich auch aufwühlt, in einem Erlebnis seine Liebesgewalt, nie wird er (wie Goethe) frei durch Tat oder Flucht, immer bleibt er verhakt, ohne ganz zu erfassen, der »sinnlich übersinnliche Freier«, gehitzt von den feinen Giften seines Blutes. Männisches und Weibisches, Begehren und Hingabe, Güte und Grausamkeit, Geistigkeit und Sinnlichkeit, alle konträren Elemente binden sich funkelnd zu einer einzigen glühenden Kette, an die er dann selbst geschmiedet ist. Auch in der Erotik ist Kleist niemals der Jäger, sondern der Gejagte, untertan dem Dämon der Leidenschaft.

Aber eben weil Kleist sexuell so vieldeutig, so problemhaft, und gerade darum vielleicht, weil er da physisch nicht ganz vollwertig und einlinig war, übertrifft er alle andern Dichter um ihn an erotischem Wissen. Die überhitzte Atmosphäre seines Blutes, die ständig bis zum Zerreißen vehemente Straffung seiner Nerven treibt aus den Untergründen die geheimsten Rückstände des Gefühls heraus: die seltsamen Gelüste, die bei andern im Unbewußten verdämmern und versickern, brechen bei ihm fieberfarben vor und durchschwelen feurig den Eros seiner Gestalten. Durch die Übertreibung des Urelements – und Kleist ist Künstler einerseits durch Präzision der Beobachtung wie andererseits durch Übersteigerung des Maßes – reißt er jedes Gefühl bis ins Pathologische hinaus. All das, was man grobschlächtig die Pathologia sexualis nennt, wird in seinem Werke bildhaft in fast klinischen Bildern: Männlichkeit übertreibt er zur Männischkeit, zu Sadismus beinahe (Achill und Wetter vom Strahl), Leidenschaft zur Nymphomanie, Blutschwelgerei und Lustmord (Penthesilea), weibliche Hingabe zu Masochismus und Hörigkeit (Käthchen von Heilbronn); dazu mengt er noch all die dunklen Mächte der Seele wie Hypnotik, Somnambulismus, Wahrsagerei. Alles, was in der Naturgeschichte des Herzens auf dem äußersten Blatte verzeichnet ist, das Exzentrische des Gefühls, das Herausgebogensein des Menschen über seinen letzten Rand, dies und gerade dies lockt ihn zu dichterischem Gebilde. Immer waltet dieser Charakter wüster, sinnlich überhitzter Träume in seinem Werke vor: er wußte die Kakodämonen, die glühenden Mächte seines Blutes, nicht anders zu beschwören, als daß er sie mit der Peitsche der Leidenschaft hineintrieb in seine Gestalten. Kunst ist für ihn Exorzismus, Austreibung der bösen Geister aus dem gefolterten Leib ins Imaginäre. Sein Eros lebt sich nicht aus, sondern träumt sich bloß aus: daher diese Verzerrungen ins Gigantische und Gefährliche, die Goethe erschreckt und manchen Unbelehrten abgestoßen haben.

Aber nichts Fehlhafteres, als darum in Kleist einen Erotiker zu sehen (der Eros deutet bloß immer sinnlicher als die nur geistigen Leidenschaften den Habitus jeder Natur). Zum Erotiker – im Sinne des Genießers, des Wollüstigen – fehlt ihm vollkommen das Moment der Lustbetonung. Kleist ist das Gegenteil eines Genießers, er ist der Erleider, der Gequälte seiner Leidenschaften, der Nichtverwirklicher, der Nichterfüller seiner heißen Träume: daher das Gestaute, Gepreßte, ewig Rückfließende und Aufkochende seiner Gelüste. Auch hier erscheint er wie überall als der Getriebene, als der Gejagte eines Dämons, ewig im Kampf mit seinen Zwängen und Drängen, entsetzlich leidend unter dieser Zwanghaftigkeit seiner Natur. Aber der Eros ist nur einer in der schäumenden Koppel, die ihn quer durch das Leben hetzt: seine andern Leidenschaftlichkeiten sind nicht minder gefährlich und blutgierig, denn jene treibt er ja – als der furchtbarste Übertreiber, den die neue Literatur kennt – bis in den Exzeß, jede Not der Seele, jedes Gefühl fiebert er ins Manische, ins Klinische, ins Selbstmörderische hinein. Ein Pandämonium der Leidenschaften tut sich auf, wo immer der Blick an ein Werk, an eine Wesensäußerung Kleistens tastet. Er war voll Haß, voll Ressentiment, ja voll gepreßter aggressiver Gereiztheit; und wie furchtbar diese enttäuschte Machtgier in ihm wühlte, spürt man, wo das Raubtier sich von der niederdrückenden Faust befreit und die Gewaltigsten, einen Goethe oder Napoleon, anspringt: »Ich will ihm den Kranz von der Stirne reißen«, das ist noch das mildeste Wort seines Hasses gegen den, zu dem er vordem »auf den Knien seines Herzens« gesprochen. Eine andere Bestie aus der fürchterlichen Meute der exzedierenden Gefühle: der Ehrgeiz, verschwistert einem tollen, halsbrecherischen Stolz, der jeden Einwand mit der Fußsohle zertritt.

Dann ein dunkler saugender Vampir in Blut und Hirn: eine finstere Schwermut, aber nicht wie jene Leopardis und Lenaus ein passiver Seelenzustand, eine musikalische Dämmerung des Herzens, sondern »ein Gram, über den ich nicht Meister zu werden vermag«, wie er schreibt, eine aggressive glühende Todesfiebrigkeit, eine brennende Qual, die ihn wie Philoktet mit vergifteter Wunde in die Einsamkeit zurückjagt. Und daraus wieder eine neue Not: die Qual der Ungeliebtheit, die er im ›Amphithryon‹ dem Gott der Schöpfung der Natur anvertrauen läßt, auch sie gesteigert zu einer Raserei der Einsamkeit. Was immer ihn bewegt, wird zu Krankheit und Exzeß: selbst die geistigen, die intellektuellen Neigungen zu Sittlichkeit, Wahrheit und Rechtlichkeit verzerrt sein Übermaß zu Leidenschaften, aus Rechtliebe wird Rechthaberei (Kohlhaas), aus Wahrheitsdrang ein wühlerischer Fanatismus, aus Sittlichkeitsbedürfnis eine eiskalte überspitzte Dogmatik. Immer schießt er über sich hinaus, immer bleibt der Widerhaken des rückstürzenden Pfeils im Fleische, das allmählich durchätzt wird von allen Laugen und Bitternissen der Enttäuschung. Denn all diese passionierten Triebe, diese aufreizenden virulenten Gifte können nicht aus ihm ganz heraus und geraten in gefährliche Gärung: es fehlt (wie in seinem Eros) die Entladung in die Tat. Sein Haß gegen Napoleon schwelgt im Gedanken, ihn zu ermorden, die Franzosen niederzuknüppeln – aber er faßt nicht den Dolch und nicht einmal in Reih und Glied das Gewehr. Sein Ehrgeiz will im ›Guiskard‹ Sophokles und Shakespeare in einem überbieten – aber das Stück bleibt Ohnmacht und Fragment. Seine Schwermut drängt sich an die andern und sucht durch zehn Jahre vergebens Begleiter in den Tod – aber er wartet zehn Jahre, bis er endlich in einer krebskranken enttäuschten Frau die Gefährtin findet. Sein Tatdrang, seine Kraft füttern nur seine Träume und machen sie wild und blutrünstig. So wächst alle Leidenschaft in ihm, von der Phantasie unablässig gehitzt, tropisch auf zu einer Überreiztheit und Spannung, die ihm manchmal die Nerven durchriß, aber doch, nach Hamlets Wort, »dies allzu harte Fleisch« nicht zu schmelzen vermag. Vergebens stöhnt er »Ruhe, Ruhe vor den Leidenschaften«, aber sie lassen ihn nicht, und bis in das letzte Rinnsal seiner Werke zischt der heiße Dampf, die Hypertrophie des Gefühls. Sein Dämon läßt nicht die Peitsche von ihm: er muß weiter durch das Gestrüpp seines Schicksals in ewiger Jagd bis zum Abgrund.

Ein von allen Leidenschaften Gejagter – das ist Kleist wie keiner. Aber nichts wäre irrtümlicher, als in ihm darum einen zügellosen Menschen zu sehn, denn das ist ja seine äußerste Qual, seine ureigene Tragik, daß er sich, mit allen Geißeln und Nattern seiner Leidenschaften fortgepeitscht, ständig zügelt, daß dieser starre Zaum seines Willens ihn zurückreißt, während er vorwärts will, und sein Trieb ihn weiterstößt, indes er in sich nach innerer Reinheit strebt. Sonst steht bei jener ihm so tief verwandten Art der sich selbst zerstörenden Dichter, bei Günther, bei Verlaine, Marlowe, einer überschwingenden Leidenschaft ein ganz schwacher weibischer Wille entgegen, und sie werden überflutet und zermalmt von ihren Trieben. Sie vertrinken, verspielen, vergeuden, verlieren sich, sie werden zerrieben von dem innern Wirbel ihres Wesens: sie stürzen nicht jählings ab, sondern rutschen allmählich hinunter, sie fallen von Stufe zu Stufe mit immer schwächerem Widerstand des Willens. Bei Kleist aber steht – und hier, nur hier ist die Wurzel der Kleistischen Tragödie – einer dämonisch starken Leidenschaftlichkeit der Natur ein gleich dämonischer Wille des Geistes entgegen (so wie im Werk ein wilder, berauschter Visionär sich einem kalten, nüchternen, unerhört klarsichtigen Könner und Errechner paart). Auch sein Gegenwille gegen das Triebhafte ist überstark wie der Trieb selbst, und diese widersätzliche Doppelstärke steigert seinen innern Kampf ins Heroische. Manchmal erscheint er selbst wie sein Guiskard, der in seinem innersten Zelte (in seiner Seele) durchschwärt von Beulen, durchfiebert von allen bösen Säften, leidet, aber durch die Kraft seines Willens sich aufrafft und, mit ungeheurer Geste seinem Geheimnis die Kehle verschließend, vor die Menschen tritt. Kleist gibt sich nicht einen Fußbreit nach, er läßt sich nicht willenlos in den eigenen Abgrund hinabziehen: ehern stemmt sich der Wille gegen dies ungeheure Ziehen seiner Leidenschaft:

Steh, stehe fest wie das Gewölbe steht,
Weil seiner Blöcke jeder stürzen will.
Beut deine Scheitel, einem Schlußstein gleich,
Der Götter Blitzen dar und rufe: trefft!

Und laß dich bis zum Fuß herab zerspalten,
Solang ein Atem Mörtel und Gestein
In dieser jungen Brust zusammenhält.

– diese heilige Hybris setzt er dem Schicksal entgegen, und gegen die heiße Wut seiner Selbstvernichtung dämmt er herrisch und stark den leidenschaftlichen Trieb zur Selbsterhaltung, zur Selbsterhöhung. So wird Kleistens Leben zu einer Gigantomachie, zum Riesenkampf einer übersteigerten Natur: seine Tragik ist nicht, daß er wie die meisten Menschen von dem einen zuviel und von dem andern zuwenig hatte, sondern er hatte von beidem zuviel; zuviel Geist bei zuviel Blut, zuviel Sittlichkeit bei zuviel Leidenschaft, zuviel Zucht bei zuviel Zügellosigkeit. Er war einer der überfülltesten Menschen, und die »unheilbare Krankheit«, von der dieser »schön intentionierte Körper« ergriffen war (wie Goethe sagt), eigentlich Überkraft. Die Natur hatte ihm eben mehr von all ihren Ingredienzien gegeben, als ein einzelner Mann für ein Leben zu ertragen vermag: so wütete die Fülle gegeneinander, und die Überdosierung ward zu Gift und Verhängnis, unendlich mehr als die schwache Rinde eines irdischen Leibes an solchen Säften und Kräften in sich bewältigen kann. Darum mußte er sich selbst zersprengen wie ein überhitzter Kessel: sein Dämon war nicht das Unmaß, sondern sein Übermaß.

Lebensplan

Alles liegt in mir verworren wie die Wergfasem im Spinnrocken.
Aus einem Jugendbrief

Kleist hat dieses Chaos seines Gefühls früh in sich gefühlt. Der Knabe schon und viel stärker
dann der zwanzigjährige Gardeoffizier spürt schon halb unbewußt den innern übermächtigen
Schwall des Gefühls gegen die enge Welt. Aber er meint, diese Verwirrung und Befremdung
sei nur Gärung der Jugend, unglückliche Einstellung ins Leben und vor allem Mangel an Vorbereitung, an System, an Erziehung. Und wahrhaft fürs Leben erzogen war Kleist ja niemals
worden: aus dem verwaisten Elternhaus kommt er in eines emigrierten Predigers Zucht, dann
in die Kadettenschule, wo er Kriegskunst lernen soll, indes seine heimlichste Neigung Musik
ist, dieser erste Ausbruch seines Gefühls ins Unendliche. Aber nur heimlich ist es ihm gestattet,
die Flöte zu spielen (meisterlich soll er sie gehandhabt haben), tagsüber hat er Kommißdienst
in dem harten preußischen Heere, Exerzierfron auf den öden Sandkarrees seiner Heimat. Und
der Feldzug von 1793, der ihn schließlich in einen wirklichen Krieg wirft, ist der jämmerlichste,
kläglichste, langweiligste, unheroischeste der deutschen Geschichte. Nie hat er seiner wie einer
Kriegstat Erwähnung getan: einzig in einem Gedicht an den Frieden atmet er seine Sehnsucht
aus, dieser Sinnlosigkeit zu entrinnen.

Der Waffenrock drückt ihm zu eng die aufgeweitete Brust. Er fühlt in sich Kräfte gären und
fühlt auch, daß sie aus ihm nicht wirksam in die Welt treten könnten, solange er sie nicht
zu disziplinieren weiß. Niemand hat ihn erzogen, niemand ihn belehrt: so will er sein eigener
Pädagog sein, sich »einen Lebensplan zimmern« oder, wie er sagt, »richtig leben«; und da er
ein Preuße ist, so muß sein erster Gedanke der einer Ordnung sein. Er will Ordnung in sich
schaffen, »richtig leben«, nach Prinzipien, nach Ideen, nach Maximen, und er glaubt, er könne
dies Chaos in sich (das er ahnend spürt) durch eine geregelte, eine schematische, eine gemäße
Existenz zähmen, um dann, wie er es aufklärerisch formuliert, »in ein konventionelles Verhältnis
zur Welt zu kommen«. Sein Grundgedanke ist: jeder Mensch müsse einen Lebensplan haben,
und dieser Wahn läßt ihn fast bis an sein Lebensende nicht mehr los, man müsse sich ein Ziel
vorzeichnen und dann die Mittel sorgsam wählen, man könne wie in der Strategie, wie in der
Mathematik sich die Aufgabe errechnen und umgrenzen. »Ein freier denkender Mensch bleibt
da nicht stehen, wo der Zufall ihn hinstößt... er fühlt, daß man sich über sein Schicksal erheben
könne, ja, daß es im richtigen Sinn selbst möglich sei, das Schicksal zu leiten. Er bestimmt nach
seiner Vernunft, welches Glück für ihn das höchste sei, er entwirft sich seinen Lebensplan...
Solange ein Mensch noch nicht imstande ist, sich selbst einen Lebensplan zu bilden, solange
ist und bleibt er unmündig, er stehe nun als Kind unter der Vormundschaft seiner Eltern oder
als Mann unter der Vormundschaft des Schicksals« – so philosophiert der Einundzwanzigjährige
und meint des Fatums zu spotten. Noch weiß er nicht, daß sein Schicksal innen ist und zugleich
jenseits seiner Macht.

Aber gewaltsam stößt er sich in das Leben ab. Er zieht den Soldatenrock aus – »Der Solda-
tenstand«, schreibt er, »wurde mir so verhaßt, daß es mir nach und nach lästig wurde, zu seinem
Zwecke mitwirken zu müssen.« Aber wie nun, einer Zucht entronnen, sich selbst eine andere finden? Ich sagte schon, Kleist müßte kein Preuße sein, wenn sein erster Gedanke nicht Ordnung
gewesen wäre. Nun: und er mußte kein Deutscher sein, wenn er für diese innere Ordnung nicht
alles von der Bildung erhoffte. Bildung, das ist das Arkanum des Lebens für ihn wie für jeden
Deutschen; lernen, viel aus Büchern lernen, in Vorlesungen sitzen, Kollegbücher schreiben, den
Professoren lauschen – so malt sich dem Jugendlichen der Weg in die Welt. Mit Maximen und
Theorien, mit Philosophie und Naturkunde und Mathematik und Literaturgeschichte hofft
Kleist den Weltgeist zu fassen, den Dämon in sich zu bannen. Und so wirft sich der ewige Übertreiber wie ein Rasender in das Studium hinein. Alles, was er tut, was er anfaßt, durchglüht er
mit seinem dämonischen Willen: er berauscht sich geradezu an der Nüchternheit und macht
aus dem Pedantismus eine Orgie. Wie seinem deutschen geistigen Ahn, wie dem Doktor Faust,

ist ihm die weitausholende, schritthafte Linie zu den Wissenschaften zu langsam: mit einem Sprung will er alles erraffen und aus dem Wissen endlich das Leben selbst, die »wahre« Form des Lebens erkennen. Denn er glaubt ja, verführt von den Schriften der Aufklärungszeit, mit der ganzen Fanatik seines Triebwillens an die Erlernbarkeit der »Tugend« im Sinne der Griechen, an eine Lebensformel, durch die man sich Wissen und Bildung errechnen könne, um sie dann wie ein Schema, wie eine Logarithmentafel von Fall zu Fall zu exemplifizieren. Darum lernt er wie ein Verzweifelter, bald Logik, bald reine Mathematik, bald Experimentalphysik, dann wieder Lateinisch und Griechisch, und all das »mit einem mühsamsten Fleiße«, aber doch ziellos und planlos, wie dies der ganzen Unbeherrschtheit und Fanatik seiner Natur entspricht. Man spürt deutlich, daß er die Zähne zusammenpressen muß, um durchzuhalten: »Ich habe mir ein Ziel gesetzt, das die ununterbrochene Anstrengung aller meiner Kräfte und die Anwendung jeder Minute Zeit erfordert, wenn es erreicht werden soll«, aber dies »Ziel« will sich immer und immer noch nicht zeigen. Er lernt ins Leere, und je mehr er an einzelnen Kenntnissen hastig zusammenballt, um so weniger erkennt er das innere Ziel. – »Mir ist keine Wissenschaft lieber als die andere – soll ich immer von einer Wissenschaft zur andern gehen, und immer nur auf ihrer Oberfläche schwimmen und bei keiner in die Tiefe gehen?« Vergebens predigt er, nur um sich selber von der Nützlichkeit seines Tuns zu überzeugen, seiner Braut in pedantischer Weise eine pedantische Mechanik des sittlichen Verhaltens, monatelang quält er das arme Mädchen wie der versessenste Schulmeister mit läppischen vernünftlerischen Fragen und Antworten, die er ihr säuberlich, um sie »auszubilden«, aufschreibt: nie war Kleist antipathischer, unmenschlicher, schulfuchshafter, verpreußter als in jener unglückseligen Epoche, wo er den Menschen in sich mit Büchern und Kollegien und Präzepten sucht, nie sich selber, seinem glühenden Wesenskern fremder, als da er sich zum Bürger, zum nützlichen Menschen zu ertüchtigen strebt.

Aber er soll dem Dämon nicht entrinnen, indem er Bücher und Pandekten über ihn stülpt: aus den Büchern schlägt die furchtbare Flamme ihm eines Tages schreckhaft entgegen. Plötzlich, in einer Stunde, in einer Nacht ist Kleistens erster Lebensplan vernichtet, die Religion der Vernunft, die Gläubigkeit an die Wissenschaft verschworen. Er hat Kant gelesen, den Urfeind aller deutschen Dichter, ihren Verführer und Zerstörer, und dies kalte überklare Licht blendet ihm den Blick. Entsetzt muß er seine höchste Überzeugung, den Glauben an die Heilkraft der Bildung, an die Erkennbarkeit der Wahrheit bankrott erklären: »Wir können nicht entscheiden, ob das, was wir Wahrheit nennen, wahrhaft Wahrheit ist oder ob es uns nur so scheint.« Die »Spitze dieses Gedankens« durchbohrt ihn »im heiligsten Innern« seines Herzens, und erschüttert ruft er in einem Briefe aus: »Mein einziges, mein höchstes Ziel ist gesunken, und ich habe nun keines mehr.« Der Lebensplan ist vernichtet, Kleist wieder allein mit sich selbst, mit diesem furchtbaren lastenden geheimnisvollen Ich, das er nicht zu bändigen weiß. Gerade, daß er – wie immer – als der maßlos Leidenschaftliche sein ganzes Sein, seine unumschränkte geistige Existenz auf eine Karte setzt, macht diese seine seelischen Niederbrüche so furchtbar und gefährlich. Wenn Kleist seinen Glauben verliert oder seine Leidenschaft, verliert er immer alles: denn dies ist seine Tragik und seine Größe, sich immer ganz und restlos in ein Gefühl hineinzutreiben und niemals den Weg zurückzufinden, sich nie anders also befreien zu können als durch Explosion und Zerstörung.

So wird er auch diesmal durch Zernichtung frei. Er zerschellt den Becher, aus dem er sich durch Jahre selig berauscht, klirrend und mit einem Fluch an der Wand des Schicksals. Die »traurige« Vernunft, so nennt er die fortab, die bisher sein Idol gewesen, er flieht die Bücher, die Philosophie, die Theoreme – und flieht, als der ewige Übertreiber, wieder zu weit hinüber bis an das andere Ende, an ein neues Ideal mit gleicher übertreiberischer Gier, mit der gleichen fanatischen Inbrunst sich anpressend. »Mir ekelt vor allem, was Wissen heißt«: mit einem Ruck wirft er sich herum in das Gegenteil, reißt seinen Glauben aus sich wie einen weggelebten Tag aus dem Kalender, und der gestern noch in Bildung die Rettung, im Wissen die Magie, in der Kultur das Heil, im Studium die Wehrkraft gesehen, schwärmt nun für Dumpfheit, die Unbewußtheit, für das Primitive, für das Tierhaft-Vegetative. Sofort – Kleistens Leidenschaft kennt nicht das Wort Geduld – ist ein neuer Lebensplan gezimmert, gleich schwach in der Konstruktion, gleichfalls ohne jedes Fundament der Erfahrung: nun will der preußische Junker plötzlich »ein dunkles, stilles, unscheinbares Leben«, will Bauer werden, in jener Einsamkeit wohnen, die Jean-Jacques Rousseau seiner Zeit so verführerisch erfunden; nichts verlangt er mehr, als das, was die persischen Magier als das Gott Wohlgefälligste bezeichnen: »ein Feld zu bebauen, einen Baum zu pflanzen und ein Kind zu zeugen«. Kaum daß der Plan ihn faßt, reißt er ihn schon mit: in der gleichen Geschwindigkeit, mit der Kleist weise werden wollte, begehrt er nun dumpf zu werden. Über Nacht verläßt er Paris, wohin er »vom Studium einer traurigen Philosophie verwirrt« geflüchtet war, über Nacht schleudert er seine Braut von sich, nur weil sie nicht sofort sich auf den neuen Lebensplan umstellen kann und Bedenken äußert, ob sie, die Tochter eines hohen Generals, sich als Magd in Feld und Stall zu betätigen vermöchte. Aber Kleist kann nicht warten: ist er von einer Idee besessen, so brennt er im Fieber. Er studiert landwirtschaftliche Bücher, arbeitet mit den Schweizer Bauern, fährt kreuz und quer durch die Kantone, um für sein letztes Geld sich ein Gut (mitten im kriegsdurchwühlten Land) zu kaufen; selbst wenn er das Nüchternste will, Gelehrsamkeit oder Agrikultur, so kann er es nicht anders als dämonisch tun.

Seine Lebenspläne sind wie Zunder: sie flammen auf bei der ersten Berührung mit der Wirklichkeit. Je mehr er sich müht, desto mehr muß ihm mißlingen, denn sein Wesen ist Zerstörung durch Übertreibung. Was Kleisten gelingt, geschieht wider seinen Willen: immer vollbringt die dunkle Macht in ihm, was sein Wille nie geahnt. Und während er in Bildung und dann wieder in Unbildung, in diesen überhitzten Pedantereien seiner Vernunft den Ausweg sucht, hat der Trieb, die dunkle Willensgewalt seines Wesens sich schon freigemacht: wie ein Geschwür ist, während er mit Salben und Verbänden vernünftlerisch sein inneres Fieber heilen will, die geheime Gärung aufgebrochen, der gefesselte Dämon hat sich losgerissen ins Gedicht. Ein Traumwandler des Gefühls, ganz absichtslos hatte Kleist in Paris ›Die Familie Schroffenstein‹ begonnen, zaghaft seinen Freunden diese ersten Versuche gezeigt: aber kaum daß er die Möglichkeit erkennt, endlich, endlich einmal durch ein aufgerissenes Ventil das Übermaß seines Gefühls zu erleichtern, kaum daß er spürt, wie hier allein in dieser Welt der Grenzen, Umschnürungen und Maße seiner Phantasie Freiheit gegeben ist, so rast schon sein Wille in diese Unendlichkeit hinein (auch hier gleich gierig, in erster Stunde an ihr letztes Ende zu gelangen). Die Dichtung ist Kleistens erste Befreiung: jauchzend gibt er (der ihm zu entkommen wähnte) sich an den Dämon zurück und wirft sich in seine eigene Tiefe wie in einen Abgrund.

Ehrgeiz

Ach, es ist unverantwortlich, den Ehrgeiz in uns zu erwecken – einer Furie zum Raube sind wir hingegeben.
Aus einem Brief

Wie aus einem Gefängnis stürmt Kleist in das gefährlich Grenzenlose der Dichtung hinein. Endlich eröffnet sich seinem gärenden Drang Möglichkeit der Entladung; die eingeengte Phantasie kann sich zerteilen in Gestalten, verströmen im schwelgenden Wort. Aber einem Kleist wird nichts zur Lust, weil er kein Maß kennt. Kaum daß er das erste Werk beginnt, kaum daß er wagt, sich als Gestalter, als Dichter zu fühlen, will er schon sofort der größte, herrlichste, der gewaltigste Dichter aller Zeiten sein und stellt bereits an sein Erstlingswerk den frevlerischen Anspruch, die großartigsten Werke der Griechen und der Klassik zu übertreffen. Mit dem ersten Ansprung alles erreichen: damit ist jene Kleistische Übertreibung nun ins Literarische pervertiert. Andere Dichter beginnen zaghaft mit Hoffnungen und Träumen, mit Versuchen und Bescheidungen, selig schon, ein gutes, ein bedeutendes Werk geschaffen zu haben; Kleist aber, ständig im Superlativen lebend, verlangt vom ersten Versuch gleich das Unerreichbare. Sein ›Guiskard‹, den er (nach seinem fast traumwandlerischen Frühwerk, den Schroffensteinern) beginnt, soll, ja muß die mächtigste Tragödie aller Zeitalter sein. Mit einem Ruck will er in die Ewigkeit hinein; nie hat die Literatur eine titanischere Vermessenheit gekannt als Kleistens Forderung nach Unsterblichkeit gleich mit dem ersten Ausbruch seiner Kraft. Jetzt erst sieht man, wieviel Hochmut in dem überheizten Kessel seiner Brust heimlich verschlossen war: in dampfenden Worten zuckt und zischt er heraus. Wenn ein Platen von Odysseen und Iliaden faselt, die er schaffen will, so ist das ungläubige Selbstbeschwätzung einer schwachen Natur. Aber Kleisten ist es ehern ernst mit seinem Wettstreit wider die Götter des Geistes; wenn ihn eine Leidenschaft packt, so treibt er sie (und sie wiederum ihn) ins Maßlose, und von dieser Stunde der Klarheit über seine Mission wird der Ehrgeiz zur fast tödlichen Aufbietung seines ganzen Seins. Seine Hybris ist lebenswahr, todeswahr, nun er sich, ein Desperado des Lebens, in trotziger Herausforderung der Götter an ein Werk wirft, das (wie er Wieland suggeriert) »die Geister des Äschylos, Sophokles und Shakespeares« in sich vereinigen soll. Immer setzt Kleist sein Ganzes auf eine Karte. Und von nun ab heißt sein Lebensplan nicht mehr leben und richtig leben, sondern Unsterblichkeit.

Kleist beginnt sein Werk im Spasma, in der letzten Entzückung und Trunkenheit. Alles, auch das Schaffen, verwandelt sich ihm zur Orgie; Lust-und Qualschreie brechen aus seinen Briefen stöhnend oder schwelgend hervor. Was andere Dichter ermutigt und bekräftigt, die Ermunterung durch Freundeswort, läßt ihn taumeln in Angst und Lust, so furchtbar ist sein ganzes Sein erregt von der Alternative des Gelingens oder Versagens. Was andern Glück ist, wird ihm (hier wie immer) Gefahr, denn bis an den letzten Lebensnerv drängt er die große Entscheidung. »Der Anfang meines Gedichtes, das der Welt Deine Liebe zu mir erklären soll«, schreibt er seiner Schwester, »erregt die Bewunderung aller Menschen, denen ich es mitteile. O Jesus! Wenn ich es doch vollenden könnte! Diesen einzgen Wunsch soll mir der Himmel erfüllen, und dann, mag er tun, was er will.« Auf diese einzige Karte Guiskard setzt er sein ganzes Leben. Eingegraben auf seiner Insel im Thuner See in die Arbeit, ganz hinabgetaucht in den eigenen Abgrund, kämpft er den Jakobskampf mit dem Engel, mit dem Dämon, daß er ihn freilasse. Manchmal jauchzt er auf in frenetischer Verzückung. »In kurzem werde ich Dir viel Frohes zu schreiben haben; denn ich nähere mich allem Erdenglück«; dann wieder erkennt er, was für finstere Mächte er aus sich beschworen hat: »Ach, der unselige Ehrgeiz, er ist ein Gift für alle Freuden.« In Sekunden der Zernichtung möchte er sterben – »Ich bitte Gott um den Tod«, dann wieder überfällt ihn die Angst, er »möchte sterben, ehe ich meine Arbeit vollendet habe«. Nie hat vielleicht ein Dichter erbitterter, mit einem rasenderen Einsatz seiner ganzen Existenz um sein Werk gerungen als Kleist in jenen Wochen der Ureinsamkeit auf der kleinen Insel im Thuner See. Denn dieser Guiskard ist mehr als bloß literarischer Spiegelschein inneren

Wesens: hier in dieser titanischen Gestalt will er die ganze Tragödie seiner Existenz darstellen, das ungeheure Wollen des männlichen Geistes, indes der Körper geheim unterwühlt ist von Schwächen und Schwären. Die Vollendung bedeutet sein eigenes Byzanz, die Herrschaft der Welt, das Traumreich der Macht, das sich der Konquistador gegen den Trotz seines Leibes, den Trotz seines Volkes durch Entschlossenheit erringen will. Wie Herakles sein Nessusgewand von der blutenden Haut, so will Kleist sich die innern Flammen aus der Seele reißen, er will dem Dämon entrinnen, indem er ihn aus sich jagt, in ein Symbol, in ein Bild. Vollenden bedeutet hier: genesen, Sieg eine Erlösung, der Ehrgeiz die Selbsterhaltung: darum dieser ungeheure Krampf, diese gleichsam zu Muskeln straff gespannten Nerven. Es ist Ringen um eine Lebensentscheidung, das spürt er und die Freunde mit ihm, die ihm raten: »Sie müssen den Guiskard vollenden und wenn der ganze Kaukasus und Atlas auf Sie drückte.« Nie wieder hat sich Kleist so tief in ein Werk hineingeworfen, einmal, zweimal, dreimal schreibt er die Tragödie hintereinander, um sie wieder zu zerstören, er weiß jedes Wort darin so auswendig, daß er bei Wieland sie frei aus dem Gedächtnis rezitieren kann. Monatelang wälzt er den überwuchtigen Stein zur Höhe, immer rollt er wieder die Tiefe hinab: ihm ist es nicht gegeben wie Goethe im Werther, im Clavigo, mit einem Ruck sich von seinem Seelengespenst zu entlasten, zu fest ist der Dämon in seine Seele verklammt. Endlich sinkt ihm zerbrochen die Hand: »Der Himmel weiß, meine teuerste Ulrike (und ich will umkommen, wenn es nicht wörtlich wahr ist)«, stöhnt der Ermattete auf, »wie gern ich einen Blutstropfen aus meinem Herzen für jeden Buchstaben eines Briefes gäbe, der so anfangen könnte: Mein Gedicht ist fertig. Aber, Du weißt, wer, nach dem Sprüchwort, mehr tut, als er kann. Ich habe nun ein Halbtausend hintereinander folgender Tage, die Nächte der meisten mit eingerechnet, an den Versuch gesetzt, zu so vielen Kränzen noch einen auf unsere Familie herabzuringen: jetzt ruft mir unsere heilige Schutzgöttin zu, daß es genug sei… Töricht wäre es wenigstens, wenn ich meine Kräfte länger an ein Werk setzen wollte, das, wie ich mich endlich überzeugen muß, für mich zu schwer ist. Ich trete vor einem zurück, der noch nicht da ist, und beuge mich, ein Jahrtausend im voraus, vor seinem Geiste.«

Eine Sekunde scheint es, als wollte Kleist sich beugen vor dem Geschick, als hätte sein leuchtender Geist Macht über sein rasendes Gefühl. Aber in ihm waltet noch finster der Dämon des Unmaßes: er kann die heldenhafte Haltung des großen Verzichtes nicht durchhalten, sein Ehrgeiz, einmal aufgepeitscht, läßt sich nicht wieder zurückzäumen. Vergebens suchen die Freunde seine dumpfe Verzweiflung aufzurütteln, vergebens raten sie ihm zu einer Reise in hellere Landschaft: was als erheiternder Ausflug gedacht war, wird zu sinnloser Flucht von Ort zu Ort, von Land zu Land, Flucht vor den fürchterlichsten Gedanken. Das Mißlingen des Guiskard ist der Dolchstoß für Kleistens rasenden Stolz, und in jäher Umschaltung ersetzt jetzt den herrischen, himmelstürmenden Hochmut das alte nagende Minderwertigkeitsgefühl. Noch einmal wiederholt sich der entsetzliche Angstgedanke seiner Jugend, die Angst vor der Impotenz, vor dem Nicht-Können, nun aber gegen die Kunst gewandt. Wie damals als Mann, fürchtet er jetzt sich als Dichter nie mehr ganz bewähren zu können, und (wie damals) die Schwäche gewaltsam übertreibend, stöhnt er schäumend auf: »Die Hölle gab mir meine halben Talente, der Himmel schenkt dem Menschen ein ganzes oder gar keins.« Kleist, der Maßlose, aber kennt nur das Alles oder das Nichts, Unsterblichkeit oder Untergang.

So wirft er sich ins Nichts, so geschieht die wahnsinnige Tat, eine Art ersten Selbstmordes (schwerer vollbracht als später sein Freitod): in Paris, fiebernd angelangt von sinnloser Fahrt, verbrennt er den ›Guiskard‹ und seine andern Entwürfe, um sich vor ihrem herrischen Begehren nach Unsterblichkeit zu retten. Nun ist der Lebensplan zerstört: immer in solchen Augenblicken taucht, magisch aufgerufen, sein Gegenspieler auf: der Todesplan. Und befreit von dem Dämon des Ehrgeizes, schreibt er, jubelnd und zertreten in einem, jenen unsterblichen Brief, den schönsten vielleicht, den ein Künstler im Augenblick des Mißlingens gestaltet: »Meine teure Ulrike! Was ich Dir schreiben werde, kann Dir vielleicht das Leben kosten; aber ich muß, ich muß, ich muß es vollbringen. Ich habe in Paris mein Werk, soweit es fertig war, durchlesen, verworfen und verbrannt: und nun ist es aus. Der Himmel versagt mir den Ruhm, das größte der Güter der Erde; ich werfe ihm, wie ein eigensinniges Kind, alle übrigen hin. Ich kann mich

Deiner Freundschaft nicht würdig zeigen, ich kann ohne diese Freundschaft doch nicht *leben*: ich stürze mich in den Tod. Sei ruhig, Du Erhabene, ich werde den schönen Tod der Schlachten sterben…ich werde französische Kriegsdienste nehmen, das Heer wird bald nach England hinüberrudern, unser aller Verderben lauert über den Meeren, ich frohlocke bei der Aussicht auf das unendlich-prächtige Grab.« Und tatsächlich stürzt er sich mit schon verdunkelten Sinnen, wahnsinnig über die vollbrachte Tat, quer durch Frankreich, nach Boulogne, wird mühsam von dem erschreckten Freunde zurückgebracht und liegt dann monatlang geblendeten Geistes bei einem Arzte in Mainz.

So endet Kleistens erster ungeheurer Ansprung. Mit einem Riß wollte er sein ganzes Innere, den Dämon, nach außen reißen; aber er zerreißt sich bloß die Brust, und in seinen blutenden Händen bleibt ein Torso, freilich einer der herrlichsten, die je ein Dichter geschaffen. Nichts vollendet er als – symbolisch genug – jene Szene des Willenstrotzes Guiskards, wie er sein Leiden, seine Schwäche ehern überwindet, aber Byzanz ist nicht erreicht, das Werk nicht vollendet. Doch schon dieser Kampf um die Tragödie ist eine heroische Tragödie. Nur wer die ganze Hölle in sich trug, konnte so um Gott ringen, wie es Kleist mit diesem Werke wider sich selbst getan hat.

Der Zwang zum Drama

Ich dichte bloß, weil ich es nicht lassen kann.
Aus einem Brief

Mit der Vernichtung des ›Guiskard‹ meint der Gequälte den umbarmherzigen Gläubiger, den furchtbaren Verfolger in sich erdrosselt zu haben. Aber der Ehrgeiz, der grauenhaft aus den heißesten Adern emporgestiegene Dämon seines Lebens, ist nicht tot: die unselige Tat war so sinnlos, wie wenn einer sein Spiegelbild im Spiegel erschießt; nur das drohende Bild zerklirrt, nicht der Doppelgänger, der in ihm weiterlauert. Kleist kann so wenig mehr von der Kunst zurück wie der Morphinist vom Morphium; endlich hat er ein Ventil gefunden, auf kurze Spanne das entsetzliche Übermaß seines Gefühls, den Aufschwall der Phantasien aus sich zu entladen, sich auszuschwelgen in dichterischen Träumen. Vergebens wehrt er sich, dumpf bewußt, daß er in eine neue Leidenschaft sich unentrinnbar verstrickt; aber er kann, der Kongestionierte seiner Gefühle, jenen heißen Aderlaß nicht mehr entbehren, der ihn befreit. Und dann: das Vermögen ist aufgezehrt, die militärische Karriere verdorben, nüchterne Beamtenfron widert seiner gewaltsamen Natur, so hilft nichts, obwohl er gemartert aufschreit: »Bücherschreiben für Geld – oh, nichts davon.« Die Kunst, die Gestaltung wird zwanghaft Form seiner Existenz, der dunkle Dämon hat Gestalt angenommen und wandert mit ihm in die Werke. Alle Lebenspläne, die er methodisch entworfen, sind zerfetzt vom Sturm des Schicksals: nun lebt er den Willen, den dumpfen und weisen seiner Natur, die aus unendlicher Qual des Menschen Unendliches zu formen liebt.

Wie ein Zwang, wie ein Laster liegt von nun ab die Kunst auf ihm. Daher auch das merkwürdig Zwanghafte, das explosiv Losgerissene seiner Dramen. Sie sind alle – mit Ausnahme des ›Zerbrochenen Krugs‹, der spielhaft, einer Wette zuliebe, aus freilich nervigstem Handgelenk produziert war – Ausbrüche seines innersten Gefühls, Flucht aus der Hölle seines Herzens; sie haben alle einen überreizten Schreiton, gleichsam den grellen Ton eines Erstickenden, der plötzlich Luft findet, sie sind knallhaft weggeschnellt von überstraff gespannten Nerven, sie sind – man verzeihe das Bild, ich weiß kein wahreres – herausgespritzt aus innerster Erhitzung und Bedrängnis, wie der Same des Mannes heiß vom Blute aus dem Geschlecht fährt. Sie haben wenig Befruchtung vom Geiste, sind kaum überschattet von der Vernunft – nackt, oft schamlos nackt, stoßen sie ins Unendliche hinein aus einer unendlichen Leidenschaft heraus. Jedes einzelne treibt ein Gefühl, ein Übergefühl in seinen Superlativ, in jedem einzelnen explodiert eine andere Glutzelle seiner gestauten, aller Instinkte trächtigen Seele. Im ›Guiskard‹ speit er wie einen Blutsturz seinen ganzen promethidischen Ehrgeiz aus sich heraus, in der ›Penthesilea‹ überschwelgt sich seine sexuelle Hitze, in der ›Hermannsschlacht‹ tobt sich sein bis zur Bestialität hochgetriebener Haß aus – alle drei haben sie mehr das Fieber seines Bluts in den Adern als die Außentemperatur des realen Lebens, und selbst in den linderen, vom eigenen Ich mehr weggebogeneren Werken, wie im ›Käthchen von Heilbronn‹ und den Novellen, vibriert noch die elektrische Spannung seiner Nerven, zuckt dieser fast grausam geschwinde Übergang von epischer Überschwülung und Ernüchterung des Geistes. Allerorts ist, wo man Kleisten folgt, magische und dämonische Sphäre, Dämmerung und Verschattung des Gefühls, und dann dies grelle Aufblitzen von großen Gewittern, jene dumpfe, gepreßte Luft, die auf seinem eigenen Herzen ein ganzes Leben lang lastend lag. Dieses Zwanghafte, diese schwefeligfeurige Atmosphäre von Entladung macht die Dramen Kleistens so großartig sonderbar; auch jene Goethes sind ja Lebensverwandlungen, aber doch nur episodische, sie sind nur Entladungen, Entlastungen einer bedrückten Seele, Selbstrechtfertigungen, Flucht und Ausflucht. Nie aber haben sie jenes Gefährlich-Explosive, jenes Vulkanische wie die Kleistens, wo Lava-Trümmer aus der untersten, unzugänglichsten, aus der tödlichsten Tiefe des Herzens mit solchem plötzlichen Druck herausgeschleudert werden. Diese Gewaltsamkeit des Ausbruches, dies Schaffen auf der Klippe zwischen Tod und Leben ist es ja auch, was Kleist etwa von Hebbels kostümierten Gedankenspielen unterscheidet, wo die Problematik aus dem Hirn kommt, nicht aus der untersten vulkanischen Tiefe der Existenz, oder von jenen Schillers, die nur großartige Konzeptionen und Konstruktionen sind, aber doch irgendwie außerhalb und unbedrohlich hinter der eigenen Not und Urgefahr der Existenz stehen. Nie ist ein deutscher Dichter so tief mit seiner ganzen Seele ins Drama hineingefahren, nie hat sich einer so sehr die Brust mörderisch mit seiner Dichtung aufgesprengt: nur Musik ist sonst so vulkanisch, so zwanghaft, so selbstschwelgerisch entstanden, und gerade dieser gefährliche Charakter hat den gefährdetsten unter den Musikern, Hugo Wolf, magisch angezogen, noch einmal in der ›Penthesilea‹ diesen innersten Ausbruch der vorgepeitschten Leidenschaft auftönen zu lassen.

Diese Nötigung, dies Zwanghafte bei Kleist – drückt es aber nicht sublim die Forderung aus, die zweitausend Jahre früher Aristoteles an die Tragödie stellt, daß sie »von einem gefährlichen Affekt durch dessen vehemente Entladung sich reinige«? In den Attributen »gefährlich« und »vehement« liegt die (von den Franzosen und den meisten Deutschen übersehene) eigentliche Betonung, und wie für Kleist scheint darum die Vorschrift geschrieben, denn wessen Affekte waren gefährlicher als die seinen (ich versuchte es zu zeigen), wessen Entladungen vehementer? Er war nicht (wie Schiller) Bewältiger seiner Probleme, sondern ein Besessener: gerade aber diese Unfreiheit macht seinen Ausbruch so gewaltsam, so konvulsivisch. Sein Schaffen kennt nicht ein betrachtsames, planhaftes Nach-Außen-Stellen, sondern nur Wegschleudern, ein tollwütiges Losringen aus äußerster, fast tödlich geengter innerer Not. Jeder Mensch in seinem Werke empfindet (wie er selbst) das ihm auferlegte Problem als einzig weltwesentlich, jeder ist bis zur Narrheit erfüllt von seinem Gefühl: jedem geht es in jedem Falle um das Ganze, um das Ja und Nein der ganzen Existenz. Alles wird Kleist in sich (und darum in seinen Menschen) zur Schneide, zur Krise: die Not des Vaterlandes, die andere nur zu einer wortreichen Pathetik aufschwellte, die Philosophie (die Goethe nur kontemplativ-skeptisch verfolgte, gerade so viel aufnehmend, als seinem geistigen Wachstum förderlich war), der Eros und das Leiden Psyches, alles das wird Fieber und Manie, ein Urleiden, das den ganzen Menschen zu zerstören droht. Das nun macht Kleistens Leben so dramatisch, seine Probleme so tragisch, daß sie nicht wie jene Schillers poetische Fiktionen bleiben, sondern grausame Realitäten seines Gefühles werden: darum die wahrhaft tragische Atmosphäre in seinem Werk, die kein anderer deutscher Dichter ähnlich dargestellt hat. Die Welt, das ganze Leben ist bei Kleist in einen Spannungszustand verwandelt, er hat seine eigenen Gegensätzlichkeiten in übersteigerte Gestalten, in eine Polarität der Natur transponiert: die Unfähigkeit, irgend etwas leicht zu nehmen, die Strenge der Auffassung muß jeden seiner Menschen, Kohlhaas wie Homburg und Achill, notwendig in einen Konflikt mit seinen Gegenspielern führen, und da diese Widerstände (wie seine eigenen) gleichfalls ins Gewaltige gesteigert und übersteigert sind, entsteht mit Urnotwendigkeit, nicht zufällig, sondern schicksalhaft, dramatisches Dasein, tragische Sphäre.

Naturhaft, zwanghaft kommt Kleist also zur Tragödie: nur sie konnte die schmerzhafte Gegensätzlichkeit seiner Natur verwirklichen (indes die Epik konziliantere, lässigere Formen frei läßt, fordert das Drama äußerste Zuspitzung und war darum seinem übertreiberischen, extravaganten Charakter einzig willkommen). Seine Leidenschaften stoßen ihn aus ihrem brennenden Bedürfnis, sich einmal frei auszurasen, gewaltsam hinein, sie und nicht er selbst gestalten seine Werke, weshalb mir nichts irriger scheint, als Kleisten eine Methodik, ein planhaftes Bauen, eine bewußte Mühe zu unterschieben. Goethe hat ein wenig ironisch von dem »unsichtbaren Theater« gesprochen, für das jene Stücke bestimmt seien: dies unsichtbare Theater war für Kleist die dämonische Natur der Welt, die aus gewaltsamer Entzweiung, aus dem Diametralen des Gegensatzes solche Spannung und Bewegung schafft, daß sie freilich ein Schaugerüst zersprengen und überströmen mußte. Keiner war und wollte weniger Praktiker sein als Kleist: er wollte sich entladen und entlasten, alles Spielhafte und Zweckhafte widerspricht der leidenschaftlichen Unruhe seines Charakters. Seine Konzeptionen haben etwas durchaus Zufallhaftes und Lässiges, seine Bindungen sind locker, alles Technische al fresco hingezeichnet (von eiliger und ungeduldiger Hand): wo sein Griff nicht genial ist, tappt er daneben ins Theatralische, selbst ins Melodramatische, er verfällt stellenweise ins Niederste der Vorstadtkomödie, des Ritterschauspiels, des Zaubertheaters, um mit einem Sprung, mit einem Riß wieder (ähnlich wie Shakespeare) in der erhabensten Sphäre des Geistes zu sein. Stoff ist ihm nur Vorwand und Materie, das Durchgluten mit Leidenschaften dagegen die wahre Leidenschaft. So schafft er die Spannung oft mit den niedersten, unbeholfensten, weggeborgtesten Mitteln (>Käthchen von Heilbronn<, >Schroffensteiner<); aber ist er dann gehitzt zur Leidenschaft, ist er in sein Urelement des Gegensätzlichen einmal mit der treibenden Dampfkraft seiner Seele eingetreten, so schafft er Intensitäten ohnegleichen. Kleistens Technik scheint naiv, seine Dispositionen fehlerhaft und banal: er bohrt sich langsam, in oft schiefen Wendungen und Krümmungen in die innerste Seele des Konflikts, um dann gewaltsam, mit jener nur ihm eigenen Kraft der Entladung das Gefühl herauszusprengen. Immer muß er deshalb ganz tief hinab, darum bedarf er, wie Dostojewski, der langwierigen Vorbereitungen, der raffiniertesten Verwirrungen, der labyrinthischen Unterstiege. Im Anfang seiner Dramen sind die Tatsachen, die Situation (>Zerbrochener Krug<, >Guiskard<, >Penthesilea<) auf das dichteste verknäult, gleichsam das Gewölk geschaffen, aus dem das dramatische Gewitter dann erst losfahren kann, und er liebt diese gestaute, unübersichtliche, überfüllte Atmosphäre, weil sie in Verwirrung, Verstrickung und Weglosigkeit so recht die seiner Seele ist – Verwirrung der Situation entspricht da jener »Verwirrung des Gefühls«, die Goethe, den Klardämonischen, so sehr bei ihm beängstigte. Und gewiß steckt am Grunde dieses gewaltsamen Verbergens, dieses Rätselratens und Versteckens ein Schuß perverser Qualfreude, ein Vorlustgenießen im Spannen und Retardieren, ein Lüsteln und Zündeln mit der eigenen, der fremden Ungeduld. So rühren, ehe sie das Gefühl auflodern lassen, Kleistens Dramen schon aufreizend an die Nerven: wie >Tristan<-Musik schaffen sie gern mit einer schwelgerischen Monotonie, mit spannenden Andeutungen und aufregenden Undeutlichkeiten eine Vibration des Gefühls. Einzig im >Guiskard< reißt er mit einem Ruck gleich einem Vorhang die ganze Situation tagklar auf – sonst beginnt bei ihm jedes Drama (>Homburg<, >Penthesilea<, >Hermannsschlacht<) mit einer Verwirrtheit der Situation und der Charaktere, aus der dann lawinenhaft anschwellend die Urleidenschaft der Gestalten losbricht und schmetternd gegeneinanderstößt. Manchmal überrennen und zerbrechen sie dann in ihrem Überschwang die vorgezeichnete fragile Konzeption: außer im >Homburg< hat man fast immer das Gefühl bei Kleist, als hätten seine Gestalten sich seiner Hand im Fieber entrissen und wären weiter hinausgestürmt ins Überdimensionale, hinaus in Stärken des Gefühls, wie sie der wache Traum weder gewagt noch gewollt. Nicht wie Shakespeare bewältigt er seine Gestalten und Probleme: sie reißen ihn über sich selbst hinaus. Sie folgen dem dämonischen Anruf, jede ein Zauberlehrling, und nicht dem klaren planenden Willen: im höheren Sinn ist Kleist unverantwortlich für sie wie für Worte, die man aus Träumen spricht und die ungehemmt die wahrsten Wünsche verraten.

Dieses Zwanghafte, Unfreie, dies Müssen über dem eigenen Willen waltet auch in seiner dramatischen Sprache: sie ist wie der Atem eines Aufgeregten, manchmal sich schäumend überstrudelnd und übersprudelnd, manchmal knapp aussetzend, ein Keuchen nur oder ein Schrei oder ein Schweigen. Unablässig fährt sie ins Gegenteilige: manchmal herrlich bildhaft in ihrem Lakonismus, erzgeprägt in ihrer starren Verhaltenheit, schmilzt sie in der Überhitze des Gefühls hemmungslos hyperbolisch über. Oft gelingen ihm einzige Ballungen, bluthaft strotzend wie kraftgeschwellte Adern, dann platzt wieder die aufgebrochene Empfindung bombastisch entzwei. Solange er sie zäumt, die Sprache, ist sie männisch und stark: aber wenn die Empfindung leidenschaftlich wird, entreißt sich ihm das Wort und schwelgt alle seine Träume bildernd aus. Nie hat Kleist seine Rede ganz in der Macht: er krümmt, er verbiegt, er dehnt und windet gewaltsam die Sätze, um sie hart zu machen, er spannt (der ewige Übertreiber) sie oft so auseinander, daß man die Enden kaum wieder zusammenfindet; aber immer nur über das einzelne hat er Gewalt und Geduld: nie strömen die ganzen Verse ineinander zu melodischem Fluß, es spritzt, es schäumt, es gischtet und zischt von Leidenschaften. So wie seine Menschen, wenn er sie in sein Fieber gejagt, ihre Überschwänge, so kann er schließlich die Worte nicht mehr im Zügel halten: wenn Kleist sich frei gibt (und in der Produktion entkettet er sein tiefstes Selbst), so wird er überrast und überrannt von seinem Übermaß. Darum gelingt ihm auch kein einziges Gedicht (außer jener magischen Todeslitanei), weil Stauung und Niedersturz nie ein reines ebenmäßiges Strombild schaffen, sondern quirlend gegeneinanderwühlen: sein Vers geht ebensowenig ruhig und melodiös wie sein Atem. Erst der Tod erlöst ihn zu Musik, zum letzten Entströmen.

Treiber und Getriebener, Anpeitschender und selbst Gejagter, so steht Kleist mitten zwischen seinen Gestalten, und was diese seine Dramen so eminent tragisch macht, ist weniger ihre Konzeption, ihr Geistig-Gewolltes, ihr episodischer Einzelfall, sondern der ungeheuer verwölkte Horizont, der sie großartig ins Heroische aufweitet und erhöht. Kleist eignet eine eingeboren tragische Gefühlsvision der Welt, weil er niemals einen einzelnen Stoff als Tragödie formt und empfindet, sondern den Weltstoff selbst. Seine Schicksalsbeladenheit teilt er in wilder Wegsteigerung weiter mit, und der Riß, der jedem seiner Helden durch die Brust geht, ist für ihn Teil des ungeheuren Sprunges, der das ganze Weltall unheilbar spaltet und es zu einer einzigen Wunde, zu einem ewigen Leiden verwandelt. Wieder hat Nietzsche die Wahrheit seherisch gefühlt, wenn er von Kleist sagt, daß Kleist sich »mit der unheilbaren Seite« der Natur befasse, denn oftmals sprach er von der »Gebrechlichkeit der Welt«, ihm war sie unheilbar, nie ganz zu vereinen, schmerzliche Ungelöstheit und Unlösbarkeit. Damit gewinnt er aber die wahrhafte Einstellung des Tragikers: nur wer die Welt unablässig als Vorwurf empfindet im doppelten Sinne des Worts, als Stoff und als Anklage zugleich, der kann als Kläger und Richter und Schuldner und Gläubiger Mund um Mund, Rede um Rede dramatisch auftun und jeden sein Recht haben lassen wider das ungeheure Unrecht der Natur, die den Menschen so fragmentarisch, so zerteilt, so ewig unbefriedigt gemacht. Freilich ist solche Vision der Welt nicht hellen Auges zu sehen. Goethe hatte ironisch einem andern Verdunkelten, Arthur Schopenhauer, in sein Stammbuch geschrieben:

> Willst du dich deines Wertes freuen,
> So mußt der Welt du Wert verleihen.

Nun, niemals konnte Kleistens tragische Anschauung sich entschließen, wie Goethe der Welt »Wert zu verleihen«, und wahrhaft hat sich es darum auch ihm erfüllt, daß er sich nie »seines Wertes freuen« durfte. An seiner eigenen Unzufriedenheit mit dem Kosmos gehen alle seine Geschöpfe zugrunde: tragische Kinder eines echten Tragikers wollen sie ewig über sich hinaus und mit dem Kopf durch die starre Wand des Schicksals. Goethes Konzilianz, die sich weise resignierend mit dem Leben abfand, mußte sich unwillkürlich seinen Figuren, seinen Problemen mitteilen, die darum niemals antike Größe erreichten, selbst wenn sie sich Gewand und Kothurn borgten. Auch die tragisch konzipierten, wie Faust und Tasso, beschwichten und beruhigen sich und werden »gerettet« vor ihrem letzten Selbst, vor ihrem heiligen Untergang. Er wußte, der Urweise, um das Zerstörerische der wahren Tragik (»es würde mich zerstören«, bekennt er, wenn er eine wirkliche Tragödie schriebe); er sah mit seinem Adlerblick die ganze Tiefe der eigenen Gefahr, aber er war zu vorsichtigweise, sich niederzustürzen. Kleist dagegen war heldenhaft unweise, er hatte den Mut und die Besessenheit zur letzten Tiefe: wollüstig jagte er seine Träume und seine Gestalten in die äußersten Möglichkeiten hinab, wohl wissend, daß sie ihn mitreißen würden in das heilige Verhängnis. Er sah die Welt als Tragödie, so schuf er Tragödien aus seiner Welt und formte als ihre letzte und höchste sein eigenes Leben.

Welt und Wesen

Froh kann ich nur in meiner eigenen Gesellschaft sein, weil ich da ganz wahr sein darf.
Aus einem Brief

Kleist hat wenig von der Wirklichkeit gewußt, aber unendlich viel von der Wesenheit: er lebte fremd, ja feindlich inmitten seiner Zeit und Sphäre, verstand der anderen Menschen Lauheit und Verbindlichkeit kaum mehr, als sie seine eigenbrötlerische Stockigkeit, seine fanatische Übertreiblichkeit. Seine Psychologie war wehrlos, vielleicht sogar augenlos gegenüber dem allgemeinen Typus, gegen alle Erscheinungen mittleren Maßes: erst wo er Gefühle gewaltsam vergrößert, Menschen in höhere Dimensionen steigert, beginnt sein seherischer Sinn. Nur in den Leidenschaften, im Übermaß der innern ist er der äußern Welt verbunden, nur dort, wo die Natur der Menschen dämonisch, wo sie abgründig und unvermutet wird, hört seine Isolierung auf: wie manche Tiere sieht er nicht klar im Licht, sondern erst im Zwitterschein des Gefühls, in Nacht und der Dämmerung des Herzens. Das Unterste, das Vulkanisch-Feuerflüssige der Menschennatur scheint seiner wahren Sphäre einzig glühend verwandt. Dort, im Eruptiven, im Chaotischen der Uraffekte, waltet seherisch sein leidenschaftlicher Bildersinn: das Obere des Lebens, die kalte, harte Schale der täglichen Existenz, die flache Form ihres Seins streift er kaum mit Geste und Blick. Er war zu ungeduldig, um kühl zu beobachten, um auf die Dauer realistisch zu experimentieren – so beschleunigt er durch Erhitzung das Wachstum der Geschehnisse zu einer wilden Tropik: nur das Glühende, der leidenschaftliche Mensch wird ihm zum Problem. Im letzten hat er keine Menschen geschildert, sondern sein Dämon hat den Bruder in ihnen hinter aller Irdischkeit erkannt, die Dämonie der Gestalten, die Dämonie der Natur.

Darum sind alle seine Helden so gleichgewichtslos: sie sind alle mit einem Teil ihres Wesens schon über die Sphäre des täglichen Lebens hinausgestürmt, jeder einzelne ein Übertreiber seiner Leidenschaft. Alle diese unbändigen Kinder seiner exzessiven Phantasie sind, wie Goethe von der Penthesilea sagte, »aus einem sonderbaren Geschlecht«, und jeder trägt seines Wesens Zug, das Nicht-Konziliante, das Herbe, Eigenwillige, das Geradeausstürmende, dies Sturmbockhafte und Unbeeinflußbare: am ersten Blick erkennt man ihr Kainszeichen, daß sie zerstören müssen oder selbst zerstört werden. Alle haben sie diese sonderliche Mischung von Heiß und Kalt, von Zuwenig und Zuviel, von Brunst und Scham, von Überfließen und Verhalten, dies Wetterwendische und Wetterleuchtende, die bis zum Blitz elektrisch geladenen Nerven. Alle beunruhigen sie selbst den, der sie lieben will (wie Kleist selbst seine Freunde), jedem blitzt aus den Augen ein fremd-gefährliches Feuer, das selbst den Ahnungslosesten erschreckt: deshalb ist ihr Heldentum nie populär, nie verständlich für das deutsche Volk geworden, niemals ein Schullesebuch-Heldentum. Selbst das Käthchen, das nur einen Schritt noch ins Banale, ins Butzenscheibenhafte zurücktreten müßte, um ins Volkhafte zu Gretchen und Luise hinüberzugehen, hat einen kranken Zug in der Seele, ein Übermaß der Hingabe, das der gemeine Sinn nicht versteht, so wie Hermann wieder, der Nationalheld, einen Schuß zuviel Politik und heuchlerische Geschicklichkeit, zuviel Talleyrand hat, um vaterländische Paradefigur zu werden. Immer ist jedem Banal-Idealischen schon vorweg im Blute ein gefährlicher Tropfen beigemischt, der sie volksfremd macht: dem preußischen Offizier Homburg die (herrlich wahre, aber dem Nimbus unerträgliche) Furcht vor dem Tode, der griechischen Penthesilea die bacchische Gier, dem Wetter vom Strahl ein männisches Reitpeitschentum, Thusnelda ein Gran Dummheit und putzweiberischer Eitelkeit. Alle rettet sie Kleist vor dem Tenorhaften, vor dem Schillerischen, vor dem Farbdruckklischee durch irgendein Urmenschliches in ihrem Wesen, das im Affekt nackt, schamlos nackt unter dem dramatischen Faltenwurf herauskommt. Jeder hat irgendwelches Sonderliches, Unerwartetes, etwas Unharmonisches, etwas Untypisches im seelischen Gesicht, jeder (außer dem nur theatralisch hingestellten Theaterbuffon, der Kunigunde und den Soldaten) wie bei Shakespeare einen scharfen Zug in der Physiognomie: so wie Kleist als Dramatiker antitheatralisch ist, so ist er als Menschenbildner unbewußt antiidealisch. Denn alle Idealisierung geschieht immer entweder durch bewußte Retusche oder durch ein zu oberflächliches, ein kurzsichtiges Sehen. Kleist aber sieht immer klar und haßt nichts so sehr als das kleine Gefühl. Er ist eher geschmacklos als banal, eher stockig und übertreiberisch als süßlich. Rührung ist ihm, dem Herben und Geprüften, dem Wissenden um wirkliches Leiden, ein widerwärtiges Element, also wird er bewußt antisentimentalisch und verschließt gerade in jenem Augenblicke, wo die banale Romantik beginnt, vor allem in den Liebesszenen, seinen Menschen keusch den Mund, einzig ihnen Erröten gewährend, ergriffenes Stammeln, den Seufzer oder das letzte Schweigen. Er verbietet seinen Helden, sich gemein zu machen: darum sind sie – seien wir offen – dem deutschen Volk und jedem andern nur literarisch vertraut und nicht längst von der Bühne herab ins Wesen spruchhaft, bildhaft eingegangen. Sie können als national nur im Sinne einer erträumten deutschen Nation gelten, ebenso wie theatralisch nur als Figuren jenes »Imaginären Theaters«, von dem Kleist zu Goethe sprach. Sie passen sich nicht an, sie haben alle Eigenwilligkeit und Inkonzilianz ihres Schöpfers und jeder darum um sich eine Handbreit Einsamkeit. Seine Dramen bleiben von vorne und rückwärts mit der Literatur von Ahnen und Enkeln unverbunden, sie erbten keinen Stil und haben keinen gezeugt. Kleist war ein Einzelfall, und ein Einzelfall ist seine Welt geblieben.

Ein Einzelfall: denn sie ist weder die Epoche von 1790-1807, noch begrenzt durch Gemarkung Brandenburgs oder Deutschlands; sie ist geistig nicht durchflogen von dem Atem der Klassik, noch durchdunkelt von der katholischen Dämmerung der Romantik. Kleistens Welt ist so sonderbar und zeitlos wie er selbst, eine saturnische Sphäre, weggewendet vom Tageslicht und der klaren Erscheinung. So wie der Mensch interessiert Kleisten die Natur, die Welt erst dort an ihrer äußersten Grenze, wo sie dämonisch wird, wo das Naturhafte in das Magische, das Natürliche ins Sonderbare, Welt in Urwelt überfunkelt, wo sie über sich selbst hinaustritt ins Unerhörte und Unwahrscheinliche, ja ich möchte fast sagen, wo sie übermäßig, wo sie lasterhaft wird und die Norm verläßt. Genau wie in der Menschheit beschäftigt ihn bei den Geschehnissen nur das Anormale, die Abweichung von der Regel (die Marquise von O.; das Bettelweib von Locarno; das Erdbeben in Chili), immer also der Augenblick, wo sie den vorgezogenen Kreisen Gottes auszubrechen scheint. Nicht umsonst hat er Schuberts »Nachtseite der Natur« so leidenschaftlich gelesen: alle die Zwielichtsphänomene des Somnambulismus, der Nachtwandlerei, der Suggestion, des tierischen Magnetismus sind willkommener Stoff für seine übertreiberische Phantasie, die – nicht genug an den Menschenleidenschaften – nun die geheimen Kräfte des Kosmos herantreibt, daß sie seine Geschöpfe noch mehr verstricken: Verwirrung der Tatsachen zur Verwirrung des Gefühls! Im Sonderbaren ist immer Kleistens liebste Hausung: dort spürt er irgendwo nah in Schatten und Geklüft den Dämon, dem er überall magisch angelockt entgegenstrebt; dort grenzt er nicht an das Gewöhnliche, das ihn anwidert und erschreckt; und als ewig Maßloser stürzt er sich immer tiefer in das Geheimnis der Natur. Auch im Weltwesen sucht er, wie sonst im Gefühl, den Superlativ.

Durch dieses Abbiegen vom Offenbaren scheint Kleist für den ersten Blick seinen Zeitgenossen, den Romantikern, verwandt, aber zwischen jenen Dichtern teils gewollter, teils naiver Abergläubigkeit und Märchenseligkeit und seiner zwanghaften Liebe zum Phantastischen und Abstrusen klafft ein ganzer Abgrund des Gefühls: die Romantiker suchen das »Wunderbare« als eine Frommheit, Kleist das »Sonderbare« als eine Krankheit der Natur. Ein Novalis will glauben und schwelgen in dieser Gläubigkeit, ein Eichendorff und Tieck die Härte und Widersinnigkeit des Lebens auflösen in Spiel und Musik – Kleist aber, der Gierige, will das Geheimnis hinter den Dingen fassen und durch Auftreibung ins Extrem ertasten, er bringt bis in das letzte Dunkel des Wunderbaren seinen forschenden, kaltleidenschaftlichen, unerbittlich sondierenden Blick. Je sonderbarer das Geschehnis, um so sachlicher reizt es ihn, davon zu berichten, ja, er setzt geradezu eine Bravour darein, das Unfaßliche in nüchterner Relation zu verdeutlichen, und so gräbt sich sein leidenschaftlicher Intellekt zäh wie eine Schraube Windung um Windung bis hinab in die unterste Sphäre, wo das Magische der Natur und das Dämonische des Menschen geheimnisvolle Brautschaft feiern. Hier kommt er Dostojewski näher als jemals ein Deutscher: auch Kleistens Gestalten sind geladen von allen kranken und übersteigerten Kräften der Nerven, und diese Nerven wiederum irgendwo schmerzhaft verhakt in das Dämonische der Weltnatur.

Wie jener ist er nicht nur wahr, sondern durch Exaltation überwahr, und darum hängt jene gleichzeitig gläserne und drückende Atmosphäre wie ein Föhnhimmel über der Landschaft seiner Seelenwelt, ein Frost von Verstand jäh wechselnd mit einer Schwüle von Phantasie und plötzlich aufgerissen von zornigen Windstößen der Leidenschaft. Gewiß: sie ist großartig und voll Tiefblick ins Wesenhafte, die Kleistsche Seelenlandschaft, sie ist so intensiv wie kaum die eines andern deutschen Dichters, aber doch schwer erträglich; kein Mensch kann lang in ihr verweilen (und er selber vermochte es nicht länger als ein Jahrzehnt), weil sie die Nerven überspannt, mit ihrem jähen Kontrast von Heiß und Kalt das Gefühl unablässig herausfordert und ruhelos macht. Sie ist zu stark für die Dauer eines ganzen Lebens, zu sehr atmosphärisch geladen mit gedrückter und geschwängerter Luft, ihr Himmel lastet zu schwer auf der Seele, sie hat viel Hitze und zu wenig Sonne, zu viel schneidende Klarheit des Lichts in zu engem Raum. Auch als Künstler hat der ewig Entzweite keine Heimat, keine harte Erde unter dem rollenden Rad seiner Gejagtheit. Er ist hüben und drüben und nirgends zu Hause: er lebt im Wunderbaren, ohne daran zu glauben, und gestaltet das Wirkliche, ohne es zu lieben.

Der Erzähler

Denn das ist die Eigenschaft aller echten Form, daß der Geist augenblicklich und unmittelbar daraus hervortritt, während die mangelhafte ihn wie ein schlechter Spiegel gebunden hält und uns an nichts erinnert als an sich selbst.
Brief eines Dichters an einen anderen

In zwei Welten wohnt seine Seele, in der heißesten tropischesten Überhitzung der Phantasie und in der nüchternsten, kältesten Sachwelt der Analyse – zweigeteilt ist darum auch seine Kunst, jede einem andern Extrem fanatisch zugewandt. Man hat oft den Dramatiker Kleist mit dem Novellisten zusammengetan, indem man ihn nur einen verschränkten Dramatiker nannte. In Wahrheit drücken aber diese beiden Kunstformen sichtlich ein Gegenteil aus, die zu ihren äußersten Enden getriebene Zwiefalt seines innern Ich – der Dramatiker wirft sich in seinen Stoff zügellos hinein, durchhitzt ihn mit dem ganzen Fieber seiner Adern, der Erzähler Kleist vergewaltigt seine Anteilnahme, preßt sich gewaltsam zurück, bleibt ganz außen, daß kein Atem seines Mundes in die Erzählung hineinfließt. In den Dramen spannt und erhitzt er sich selbst, in den Novellen will er die andern, den Leser, spannen und erhitzen, im Drama treibt er sich vor, in der Novelle zurück. Beides, Entströmen und Verhalten, stößt er bis in die äußerste Möglichkeit der Kunst: so sind seine Dramen die subjektivsten, aussströmendsten, die eruptivsten des deutschen Theaters, seine Novellen die knappsten, gefrorensten, komprimiertesten der deutschen Epik. Immer lebt Kleistens Kunst im Superlativ.

In den Novellen schaltet Kleist sein Ich aus, er unterdrückt seine Leidenschaftlichkeit, oder vielmehr: er schiebt sie auf ein anderes Geleise. Denn schon hat der fanatische Übertreiber wieder ein Übermaß: er treibt diese (sehr künstlerische) Selbstausschaltung in einen Exzeß, in ein Extrem der Objektivität, also wieder in eine Gefahr der Kunst (das Gefährliche ist sein Element). Niemals hat es die deutsche Literatur wieder zu einer so objektiven, scheinbar ruhigen Relation, zu einer solchen meisterlichen Sachlichkeit des Berichtes gebracht wie in diesen sieben Novellen und kleinen Anekdoten: vielleicht fehlt nur ein letztes lösendes Element ihrer scheinbar fehllosen Vollendung: die Natürlichkeit. Auch im Epischen ist Kleist ein Gezwungener, diesmal seines starren Willens wie sonst seiner strömenden Leidenschaft: ihm fehlt ein Senfkorn Erzählerfreude, lässigen, sorglosen Fabulierens, einer eingeborenen Leichtigkeit der Rede. Man spürt, daß hier einer die Lippen gewaltsam verpreßt, um nicht mit einem Zittern des Atems die Quallust zu verraten, mit der er hier Spannungen häuft; man spürt, wie die Hand fiebert in dem krankhaften Zwang, sich zu verhalten, wie der ganze Mensch sich gewaltsam zurückdrückt, um außen zu bleiben. Eine geheimnisvolle perverse Wollüstigkeit verrät sich in diesem ewigen Retardieren, in diesem Verhalten und Verbergen, in dem listigen, fast boshaften Irreführen des Lesers durch ein spitzfindig verstelltes Labyrinth von Tatsachen – der gerade Stoß geradeaus ist seiner Erotik wie seiner Erzählerkunst versagt. Man vergleiche, dies zu fühlen, nur sein Vorbild, die ›Novelas ejemplares‹ des Cervantes, ihr selig leichtes Verraten, ihr spitzbübisches Schalten mit Versteck und Geheimnis, und Kleistens gespannte, pralle, mit Aufregung geladene Technik, die aus Nüchternheit einen Exzeß macht und gleichsam mit verbissenen Zähnen zum Leser redet: kein Ariel ist in seiner gedrückten, überschwängerten Seele, seine Himmel drücken immer tief hinab und schwingen nicht von Musik. Er will kühl sein und wird eisig, er will mit leiser Stimme reden und redet gepreßt, er will streng erzählen, lateinisch, taciteisch, und krampft die Sprache. Immer, zur Rechten und zur Linken, fährt Kleist titanisch in die Übertreibung hinein. Nie ist die deutsche Sprache mehr gehärtet worden, nie aber war sie auch mehr metallen kalt, mehr eisern glanzlos als in der Kleistschen Prosa: er handhabt sie nicht (wie Hölderlin, Novalis und Goethe) gleich einer Harfe, sondern gleich einer Waffe, gleich einem Pflug mit unerbittlicher Gewaltsamkeit. Und in dieser unbiegsamen, harten, bronzen gequollenen Sprache erzählt er dann – ewiger Fanatiker des Gegensatzes – die heißesten, die packendsten, die jagendsten Stoffe, seine kalte, protestantisch strenge Nüchtenheit und Klarheit ringt mit den phantastischsten, unwahrscheinlichsten Problemen. Er verrätselt künstlich den

Gegenstand, verknäult listig das Gespann der Erzählung, nur um der harten und bösen Freude willen, den Zuschauer zu ängstigen, zu ergreifen, zu erschrecken, um dann mit einem Riß knapp vor dem Niedersturz die straffen Zügel zurückzureißen: wer hinter dieser scheinbaren Kälte Kleistens als Erzähler nicht seine dämonische Lust fühlt, den andern dorthin zu jagen, wo seine eigene Hausung ist, in die gewaltsame Empfindung, tief hinein in Grauen und ins Gefährliche, dem mag dies Technik scheinen, was in Wahrheit Umwendung tiefster Leidenschaftlichkeit ist, Fanatik der Selbstvergewaltigung. Ich wieder kann niemals seine Novellen ohne ein leises Grauen lesen, nicht etwa um des Gegenständlichen willen (im ›Bettelweib von Locarno‹ oder den andern Geschichten von der »Nachtseite des Lebens«), sondern erschauernd vor der gespannten Vibration des dämonisch gestauten Willens, der hier im Schweigen, in der Scheinruhe noch furchtbarer offenbar wird als in dem Schwelgen der Verse und den Brunstschreien Penthesileas. Alles Nicht-Gute, alles Versteckte und Verschlagene Kleistens verrät sich in seiner Zurückstauung, weil Ruhe, Herrschaft und Meisterschaft wider sein innerstes Wesen war: Ungezwungenheit, die höchste Magie des Künstlers, mußte ihm gerade dort sich versagen, wo er die Widernatur seines Wesens, gebändigte Ruhe, sich zum Gesetze erzwingen wollte.

Aber doch: wie vieles erzwingt sein Wille, sein dämonisch starker Wille von der Prosa, wie stahlhart preßt er diesen Novellen das Blut in die Adern der Sprache! Am stärksten empfindet man diese Meisterschaft bei den zufallslosen, bei den absichtslosen Stücken, bei jenen kleinen Anekdoten und Berichten, die er ohne jeden angespannten Kunstwillen für seine Zeitung schrieb, bloß um eine freigebliebene Spalte zu füllen. Zwanzig Zeilen Polizeibericht, eine Reiterepisode aus dem Siebenjährigen Krieg ballt sein plastischer Wille zu unvergänglicher Form: kein Luftbläschen Psychologie dringt da in den durchsichtigen Glasguß der Erzählung, in dem das Sachliche geradezu magisch transparent wird. In den größeren Novellen ist die Anstrengung zur Objektivität schon sichtbar. Jene echte Kleistische Leidenschaft am Verwirren und Verschrauben, das Gewaltsame der Verdichtung, seine Spiellust mit dem Geheimnis macht sie mehr aufregend als plastisch, durch nichts hitzen sie so sehr als durch ihre Scheinkühle, so daß ›Die Marquise von O.‹ (eine achtzeilige Anekdote Montaignes) als spannende Charade, das ›Bettelweib von Locarno‹ wie ein schauriger Alp wirken. Das Aufwühlende, Quälende und doch Forthetzende dieser Träume wird um so fühlbarer, als diese Figuren durch seine bewußte nüchterne Chronistenart gar nicht traumhaft vor dem inneren Blick erscheinen, also verschwommen oder clair-obscur, sondern mit plastischer Einprägsamkeit einer gleichzeitig irdischen und doch gespenstischen Naturhaftigkeit. Die ganze Dämonie seines Willens ist hier (wie schon einmal in seiner aufklärerischen Epoche) in Nüchternheit verwandelt, Nüchternheit aber in einen Exzeß emporgetrieben: gleichsam der Revers seines Wesens wird sichtbar, eine Exaltation des Nicht-Exaltiertseins, ein Übermaß des Maßhaltens. Auch Stendhal hatte ja zur kalten, nichtbildernden, antisentimentalischen Prosa tendiert und täglich das Bürgerliche Gesetzbuch gelesen, so wie Kleist den Ton der Chroniken sich zum Vorbild nimmt: während er aber bloß zu einer Technik kommt, gerät Kleist, der Triebhafte, in eine Passion des Nichtpassioniertseins, das Übermaß der Spannung ist nun aus ihm selbst in den Leser übergeschaltet. Aber immer spürt man das Zuviel, das unweigerlich von seinem Wesen ausgeht: darum ist von seinen Novellen die stärkste diejenige, die das Motiv seines Wesens in Gestaltung verwandelt, ›Michael Kohlhaas‹, der herrlichste, sinnvollste Typus des Übertreibers, den Kleist geschaffen, der Mann, der seine stärksten Kräfte durch Übersteigerung zur Zerstörung treibt, Gradsinn zu Starrsinn, Rechtlichkeit zu Rechthaberei; unbewußt ist er Sinnbild seines Gestalters, der aus seinem Besten das Gefährlichste schuf und aus dem Fanatismus des Willens über Weg und Ziel hinausdrängt. Auch in der Zucht, in der Verhaltung ist Kleist ebenso dämonisch übermäßig als in der Schwelgerei, als im Entströmen.

Am vollendetsten erscheint diese Mischung, ich sagte es schon, im Absichtslosen, in jenen kleinen Anekdoten, die er gleichsam jenseits der Kunstabsicht schrieb, und dann in jener großartigsten Darstellung eines sonderbaren Menschen: in seinen Briefen. Nie hat sich ein deutscher Dichter ähnlich aufgetan der Welt gestellt, als Kleist in der Handvoll Briefe, die von ihm erhalten sind. Sie scheinen mir unvergleichbar mit den psychologischen Dokumenten Goethes und

Schillers, weil Kleistens Wahrhaftigkeit unendlich kühner, hemmungsloser, abgründiger und unbedingter ist als die unbewußten Stilisierungen, die immer ästhetisch gebundenen Bekenntnisse der Klassiker. Kleist exzediert seiner ganzen Natur gemäß auch im Bekenntnis, er gibt der grausamsten Selbstzerfleischung noch einen geheimnisvollen Lustton, er hat nicht nur Liebe, sondern eine Art Brünstigkeit zur Wahrheit und eine herrliche Ekstatik immer im allertiefsten Schmerz. Nichts Schneidenderes als die Schreie dieses Herzens, und doch scheinen sie aus einer unendlichen Höhe zu kommen wie der zuckende Ton eines getroffenen Raubvogels, nichts Großartigeres als das heroische Pathos seiner klagenden Einsamkeit. Man meint die Qual des vergifteten Philoktet zu hören, der abseits von den Brüdern, einsam auf der Insel seines Geistes mit den Göttern hadert; und wie er sich in der Qual der Selbsterkenntis die Kleider vom Leibe reißt, steht er nackt vor uns da, aber nackt nicht wie ein Schamloser, sondern nackt wie ein Blutender, wie ein Brennender, der sich eben dem letzten Kampf entwunden. Es sind Schreie darin aus der letzten Tiefe der Irdischkeit, Schreie des zerrissenen Gottes oder eines gequälten Tieres, und dann wieder Worte einer furchtbaren Wachheit, eines überstarken Innenlichts, das die Augen blendet. In kein Werk vermochte er sich so ganz hineinzuwerfen, wie in seine Briefe, keines hat so urtümlich seine Zweiheit von Knappheit und Überschwang, von Ekstase und Analyse, von Zucht und Leidenschaft, von Preußischheit und Urwelt. Vielleicht waren in jenem verschollenen Manuskript, in der »Geschichte meines Innern«, all diese Flammen und Blitze noch gebunden in ein einziges Licht; aber dies Werk, das gewißlich kein Kompromiß von »Dichtung und Wahrheit« war, sondern der Fanatismus der Wahrheit selbst, ist uns verloren. Hier wie immer hat das Schicksal ihm die Rede gehemmt und dem »unaussprechlichen Menschen« in ihm verboten, sein eigenstes Geheimnis zu verraten, damit wir ihn nie anders schauen als im Schatten seines Dämons und nie in seiner letzten Einsamkeit.

Die letzte Bindung

Denn über alles siegt das Rechtsgefühl.
›Die Familie Schroffenstein‹

In allen seinen Dramen war Kleist Selbstverräter seines Wesens: in jedem hat er einen feurigen Teil seiner Seele aus sich in die Welt geschnellt, eine Leidenschaft in Gestalt verwandelt. So kennt man ihn teilhaft ganz und seinen Widerstreit: doch aber wäre seine Erscheinung nicht ins Zeitlose getreten, hätte er in seinem letzten Werk nicht das Höchste zu geben vermocht: sich ganz in seiner höchsten Gebundenheit. Hier, im ›Prinzen von Homburg‹, hat er mit jener letzten Genialität, die das Schicksal einem Künstler selten mehr als einmal verleiht, sich selbst, seines Wesens Urmacht, seinen Lebenskonflikt zur Tragödie erhoben: die Antinomie von Leidenschaft und Zucht. In der ›Penthesilea‹, im ›Guiskard‹, in der ›Hermannsschlacht‹ war übersteigernd groß immer nur ein Trieb – leidenschaftlich und voll Stoßkraft zum Unendlichen hin – in das Werk gefahren, hier aber ist nicht Einzeltrieb, sondern die ganze verwirrte Triebwelt zur Welt verwirklicht, Druck und Gegendruck statt gegeneinander ruckweise ziehend, zu Widerwirkung und Schwebe gebracht. Und was ist Schwebe der Kräfte anderes als die höchste Harmonie?

Die Kunst kennt keinen schöneren Augenblick, als wenn sie das Übermäßige in seinem Ebenmaß zeigen darf, in jener sphärisch tönenden Sekunde, da einen Wimperschlag lang die Dissonanz sich löst in eine urselige Harmonie, da aus ungeheurer Entfremdung die auseinandergespanntesten Gegensätze ineinanderschnellen und sich flüchtig mit den Lippen des Wortes und der Liebe berühren: je furchtbarer die Entzweiung, um so machtvoller dieser Ineinandersturz, um so brausender der Einklang der stürzenden Ströme. Kleistens ›Homburg‹ hat wie kein zweites deutsches Drama diese Herrlichkeit äußerster Entspannung: der zerstörteste deutsche Dichter gibt (eine Spanne kaum von seiner Selbstvernichtung) der Nation die vollendetste Tragödie, so wie Hölderlin eine Stunde vor der letzten Dunkelheit seine welthaft tönende orphische Hymnik, wie Nietzsche vor dem Zerschellen des Geistes noch die höchste geistige Trunkenheit, das tanzende, diamantsprühende Wort. Diese Magie des Untergangsgefühls ist jenseits allen Erläuterns, unerklärbar herrlich schön wie das letzte Hochaufspringen der schon blau geduckten Flamme vor dem Erlöschen.

Im ›Homburg‹ hat Kleist den Dämon für einen Augenblick gebändigt, indem er ihn ganz von sich in sein Werk stieß. Diesmal hat er nicht wie sonst – in der ›Penthesilea‹, im ›Guiskard‹, in der ›Hermannsschlacht‹ – nur einen Kopf der Hydra abgeschlagen, die ihn erdrückend umschlingt, hier faßt er sie an der Kehle und reißt sie ganz hinüber in Gestaltung. Und hier erst spürt man seine Kraft, weil sie nicht ins Leere strömt, weil seine Leidenschaft nicht bloß zischend und qualmig ausdringt wie Dampf aus überfeuertem Kessel, sondern weil hier Kraft gegen Gegenkraft ringend steht. In diesem Drama verdunstet kein Atom des inneren Aufschwalls in dem gehämmerten, fugenlosen dramatischen Triebwerk ungenutzt und verpufft ins Leere eines losen Überschwangs, hier ist Flut und Damm, Strömung und Wehr gleich mächtig. Kleist hat sich erlöst, indem er nicht aus sich ausfährt, sondern indem er sich verdoppelt: das Gegensätzliche hat die zerstörende Kraft verloren, weil er nicht mehr (wie früher) dem einen oder andern Trieb Freilauf und Übermacht läßt. Das Antinomische seiner Natur ist ihm im Werke klargeworden. Alle Klarheit aber schafft Erkennen, und Erkenntnis wieder Versöhnung. Der Leidenschaftliche und der Zuchtvolle in seiner Seele halten inne in ihrem Kampf und sehen sich in die Augen: die Zucht (der Kurfürst, der Homburg als Sieger in der Kirche ausrufen läßt) ehrt den Leidenschaftlichen, der Leidenschaftliche (Homburg, der sein eigenes Todesurteil fordert) ehrt die Norm. Beide erkennen sich als Teil urewiger Macht, die Unruhe fordert um der Bewegung, Zucht um der heiligen Ordnung willen, und indem Kleist seinen irdischen Gegensatz aus der verdunkelten Brust reißt und unter die Sterne stellt, löst er zum ersten Male seine Einsamkeit und wird Mitschöpfer der Welt.

Und magisch flutet alles, was er je versucht und gewollt hat, in gereinigteren, erhobeneren Formen heran, alles beschwichtigt von diesem Gefühl letzter Verbundenheit und Versöhnung.

Alle Leidenschaften seiner dreißig Jahre sind plötzlich gestaltet da, aber nicht mehr herrscherisch und übertreibend, sondern gesänftigt und geklärt. Guiskards toll aufgereckter Ehrgeiz hat eines Jünglings reine tatselige Feurigkeit in dem jungen Helden Homburg gewonnen, der brutale, mordgierige, keulenschwingende, barbarische Patriotismus der ›Hermannsschlacht‹ ist gemildert und vermännlicht zu einem wortlos-ernsten Vaterlandsgefühl, Kohlhaasens Rechthaberei und juridischer Starrsinn vermenschlicht zu klarer Wahrung des Gesetzes in der Gestalt des Kurfürsten, der Zauberapparat des Käthchens blaut nur wie ein süßer Mondschein über der sommerlichen Gartenszene, wo der Tod wie ein Duft vom Jenseits herweht, und Penthesileas Brünstigkeit, die aufgeraste Lebensgier verebbt zu still sehnsüchtigem Gefühl. Zum erstenmal schwellt durch ein Werk Kleistens ein ganz verborgener Ton von Güte, ein Hauch von milder Menschlichkeit und von Verstehen: auch diese letzte Saite, die silberne, an die er nie gerührt, nun klagt sie die düstere Melodie harfend hinein. Alles ist plötzlich versammelt, was einen Menschen bewegt, und wie man von Sterbenden erzählt, daß in ihren letzten Minuten ihr ganzes Leben gedrängt wiederkehre, so rauscht die ganze Vergangenheit, das scheinbar falsch gelebte Leben an dieses letzte Werk heran: alle Fehler, alle Irrtümer, alle Versäumnisse, alles was sinnlos und vergeblich schien, bekommt in dieser Gestaltung mit einmal einen Sinn. Die Kantische Philosophie, mit der sich der Zwanzigjährige das Herz zerquält, die ihn als »Lebensplan« fast erstickte – jetzt formuliert sie dem Kurfürsten die Worte und steigert die bloß monarchische Gestalt ins Geistige. Die Kadettenjahre, die militärische Erziehung, tausendmal verflucht – nun ersteht sie in dem prachtvollen Fresko der Armee, diesem Hymnus auf die Solidarität der Gemeinschaft; ja die Erde selbst, die märkische, seit Jahren gemieden und gehaßt, sie wird Fundament der Geschehnisse, und die Luft, die sonst so leere seiner Tragödien, hat Atmosphäre und Horizont. All dem er sich entrungen, die Tradition, die Zucht, die Zeit, nun steht es wie ein Himmel über seinem Werk, zum erstenmal schafft er aus einer innern Heimat, aus der Blutbestimmtheit seines Wesens. Zum erstenmal ist die Luft entschwült, die Spannungen nicht mehr quälend und nervenvibrierend, zum erstenmal rollen die Verse klar, zwängen und drängen sich nicht, zum erstenmal ertönt Musik. Die Geisterwelt, sonst dämonischer Aufschwall der Tiefe, schwebt nur wie eine Dämmerung über dem irdischen Spiel, ein Klang von der Süße der letzten Shakespeareschen Dramen, jenes heiteren Erkennens und Erlösens, senkt den Vorhang über eine harmonische Welt.

Der ›Prinz von Homburg‹ ist Kleistens wahrstes Drama, weil es sein ganzes Leben enthält. Alle Überkreuzungen und Überschneidungen seines Wesens sind darin, die Lebensliebe und die Todesnot, die Zucht und der Überschwang, das Ererbte und das Erlernte: nur hier, wo er sich ganz erschöpft, wird er ganz wahr über sein eigenes Wissen hinaus. Darum auch dieser geheimnisvoll prophetische Klang in der Sterbeszene, der Rausch des Freitodes, die Angst vor dem Schicksal – vorausgedichtete Stunden seines Todes und gleichzeitig Zurückleben des ganzen früheren Lebens. Nur Todgeweihte haben dieses höchste Wissen, diesen Doppelblick ins Vergangene und Zukünftige, nur der ›Homburg‹ und der ›Empedokles‹ von allen deutschen Dramen schenken uns diese geisterhafte Musik, die schon selbst wie ein Überklang ins Unendliche ist. Denn nur letzte Not vermag die Seele ganz aufzuschmelzen, nur die reinste Resignation die Sphäre zu erreichen, wo die Leidenschaft sich längst ermüdet; was es dem Gierigen und seinem zornigen Anspruch beharrlich versagte, schenkt Kleisten das Schicksal gerade in jener Stunde, da er nichts mehr erhofft: die Vollendung.

Todesleidenschaft

> Das Äußerste, das Menschenkräfte leisten,
> Hab ich getan – Unmögliches versucht.
> Mein alles hab ich an den Wurf gesetzt.
> Der Würfel, der entscheidet, liegt, er liegt.
> Begreifen muß ichs – und, daß ich verlor.
> ›Penthesilea‹

Auf der höchsten Höhe seiner Kunst, im Jahr des ›Homburg‹, erreicht Kleist verhängnisvollerweise auch die höchste Stufe seiner Einsamkeit. Nie war er weltvergessener, zielverlorener in seiner Zeit, in seiner Heimat: das Amt hat er weggeworfen, seine Zeitschrift ist ihm verboten worden, seine innere Mission, Preußen an die Seite Österreichs in den Krieg zu reißen, bleibt vergeblich. Sein Urfeind Napoleon hält Europa als gedemütigte Beute in Händen, der König von Preußen wird sein Verbündeter, nachdem er sein Vasall geworden ist. Seine Stücke wandern unerledigt von Bühne zu Bühne, werden verhöhnt vom Publikum oder vom Direktor lässig abgetan, seine Bücher finden keinen Verleger, er selbst nicht das niederste Amt; Goethe hat sich von ihm abgewandt, die andern kennen ihn kaum und achten ihn nicht, die Protektoren haben ihn fallenlassen, die Freunde ihn vergessen: als letzte verläßt ihn noch die Treueste, die einst so »pyladisch gesinnte Schwester« Ulrike. Jede Karte, auf die er gesetzt, ist verloren, und die letzte, die höchste, die er noch in Händen hat, das Manuskript seines Meisterwerkes ›Prinz Friedrich von Homburg‹ kann er nicht mehr ausspielen: er sitzt an niemandes Tisch mehr, und keiner traut seinem Einsatz. Da versucht er es noch einmal, aus monatelanger Verschollenheit auftauchend, mit der Familie: noch einmal fährt er hinüber nach Frankfurt an der Oder zu den Seinen, sich die Seele zu letzen an einer Handvoll Liebe, aber sie streuen ihm Salz in die Wunden und Galle auf die Lippen. Jene Mittagsstunde im Kreise der Kleiste, die auf den entlassenen Beamten, den verkrachten Zeitungsherausgeber, den mißglückten Dramatiker wie auf einen ihrer Familie Unwürdigen hochmütig herabblicken, bricht ihm das Rückgrat: »Wollte ich doch lieber zehnmal den Tod erleiden, als noch einmal wieder erleben«, schreibt er verzweifelt, »was ich das letztemal in Frankfurt an der Mittagstafel empfunden habe.« Er ist ausgestoßen von den Seinen, zurückgestoßen in sich selbst, in die Hölle seiner eigenen Brust: mit verdüsterter Seele, beschämt und erniedrigt bis unter die Haut, taumelt er nach Berlin zurück. Ein paar Monate schleicht er in abgetretenen Schuhen und defekten Kleidern dort herum, petitioniert in den Ämtern um ein Amt, bietet (vergeblich) seinen Roman, seinen ›Homburg‹, seine ›Hermannsschlacht‹ den Buchhändlern an, verdüstert seine Freunde mit seinem Anblick: schließlich wird alles seiner müde, so wie er alles Suchens müde ist. »Meine Seele ist so wund«, klagt er erschütternd in jenen Tagen, »daß mir, ich möchte fast sagen, wenn ich die Nase aus dem Fenster stecke, das Tageslicht wehe tut, das mir darauf schimmert.« Alle seine Leidenschaften sind zu Ende, alle Kraft vertan, alle Hoffnung verbraucht, denn:

> *Machtlos schlägt sein Ruf an jedes Ohr,*
> *Und wie er flatternd das Panier der Zeiten*
> *Sich weiterpflanzen sieht von Tor zu Tor,*
> *Schließt er sein Lied; er wünscht mit ihm zu enden*
> *Und legt die Leier tränend aus den Händen.*

Da – in diesem ungeheuersten Schweigen, das jemals (vielleicht nur bei Nietzsche) um einen Genius stand – rührt eine dunkle Stimme an sein Herz, ein Ruf, der ihn immer sein ganzes Leben lang in den Augenblicken der Entmutigung, der Verzweiflung angeklungen: der Todesgedanke. Von frühester Jugend begleitet ihn diese Idee des Freitodes, und so wie er, ein halber Knabe noch, sich einen Lebensplan gefertigt, so war auch der Todesplan längst vorgedacht: immer wird der Gedanke mächtig in den Stunden der Unmacht, dann taucht er wie ein dunkler Fels, wenn die Flut der Leidenschaft, der aufgischtende Schwall der Hoffnung zurückebbt, in seiner Seele auf. Nicht zu zählen sind in Kleistens Briefen und Begegnungen diese fast brünstigen Schreie nach dem Ende, ja, man könnte fast die Paradoxie wagen, zu sagen: er konnte das Leben überhaupt nur dadurch so lange ertragen, daß er stündlich bereit war, es wegzuwerfen. Immer will er sterben, und wenn er so lange zögert, ist es nicht aus Furcht, sondern aus dem Übertreiblichen, aus dem Exzessiven seiner Natur, denn auch den Tod will Kleist in Riesenmaßen, in einer Exaltation, einem Überschwang: er will nicht klein, nicht erbärmlich, nicht feige sich töten, er begehrt, wie er in jenem Briefe an Ulrike schreibt, »einen herrlichen Tod« – selbst dieser finsterste, abgründigste Gedanke hat bei Kleist noch eine Lustbetonung, eine rauschhafte Wollüstigkeit. Er will sich in den Tod stürzen wie in ein ungeheures Brautbett, und in merkwürdigster Verschränkung (seine Erotik, die nie ihr gerades Strombett gefunden, schwillt ja über in alle Tiefen seiner Natur) träumt er sich den Tod als mystischen Liebestod, als zweiseligen Untergang. Irgendeine Urangst – er hat sie unsterblich gemacht in der Szene des Prinzen von Homburg – läßt ihn, den Einsamsten, fürchten, diese Einsamkeit des Lebens noch durch die ganze Ewigkeit des Todes weiter zu tragen: so bietet er, von Kindheit an, jedem, den er liebt, mit höchster Ekstase an, mit ihm zu sterben. Der Liebesbedürftigste des Lebens sehnt sich nach einem Liebestod. In der irdischen Existenz konnte keine Frau seinem Übermaß genügen, keine Schritt halten mit seinem fanatischen Fortrasen in eine Ekstatik des Gefühls, keine, nicht die Braut, nicht Ulrike, nicht Marie von Kleist können mit in die Siedehitze seiner Forderungen; nur der Tod, der Superlativ, der nicht mehr zu Überbietende, vermag einem Kleistischen Liebesbedürfnis – Penthesilea hat seine Gluten verraten – genügen. So ist nur die Frau, die mit ihm sterben will, die dieses äußerste, nicht mehr zu übersteigernde Gefühl aufbringt, die einzige, die er ersehnt, und ihm »ihr Grab lieber ist als die Betten aller Kaiserinnen der Welt« (wie er in seinem Todesbrief aufjubelt). So bietet er, fast aufdringlich, allen, die ihm teuer sind, seine Gefolgschaft an für den Sturz ins Dunkel. Karoline von Schiller (die ihm fast fremd war) erklärt er sich bereit, »sie und mich zu erschießen«, und seinen Freund Rühle lockt er mit schmeichelnden leidenschaftlichen Worten: »Der Gedanke will mir nicht aus dem Kopf, daß wir noch einmal zusammen etwas tun müssen – komm, laß uns etwas Gutes tun und dabei sterben! Einen der Millionen Tode, die wir schon gestorben sind und noch sterben werden. Es ist, als ob wir aus einem Zimmer in das andere gehen.« Wie immer bei Kleist wird der Gedanke, der kalte, zur Leidenschaft, zur Glut, zur Ekstase. Immer mehr berauscht er sich an der Idee, das langsame stückweise Zerbröckeln von Kraft und Widerkraft durch eine einmalige Explosion, durch eine heroische Selbstzerstörung großartig zu enden, aus der Kläglichkeit, Gehemmtheit, Gebrochenheit des ewig ungenügsamen Lebensgefühls in einen phantastischen Tod, umrauscht von allen Fanfaren der Trunkenheit und der Ekstase, sich hinabzustürzen: herrlich reckt sich der Dämon in ihm auf, denn er will endlich zurück in seine Unendlichkeit.

Diese Leidenschaft zur Todesgemeinschaft bleibt von seinen Freunden, von den Frauen unverstanden wie alle seine Übersteigerungen des Gefühls: vergeblich drängt, ja bettelt er um einen Gefährten für den Abgrund – alle wehren sie erschreckt und entgeistert den phantastischen Vorschlag ab. Endlich – und gerade in der Stunde, da seine Seele schon überschwillt von Bitternis und Ekel, da die Dunkelheit des Herzens ihm das Auge dunkel macht und das Gefühl – begegnet er einer, einer fast Fremden, die ihm dankt für so sonderlichen Vorschlag. Es ist eine Kranke, eine Todgeweihte, im Innern ihres Leibes so vom Krebs zerfressen wie Kleist im Innern seiner Seele von Lebensüberdruß; unfähig selbst eines starken Entschlusses, aber exaltiert anempfinderisch an seine Ekstase, läßt sich die Verlorene gerne mitreißen in den Abgrund. Nun hat er eine, die ihn erlöst von der Einsamkeit der letzten Sekunde des Sturzes, und so entsteht eine seltsam phantastische Brautnacht des Ungeliebten mit der Ungeliebten, so stürzt sich die alternde, todkranke, häßliche Frau (deren Antlitz er nur mit der Ekstase dieses Gedankens geschaut) mit ihm in die Unsterblichkeit hinein. Im Innersten war diese schöngeistige, sentimental-schwärmende Rendantenfrau ihm fremd, ja, er hat es wahrscheinlich nie erfahren im geschlechtlichen Sinne, daß sie Frau war – aber er vermählt sich mit ihr unter anderm Stern und Zeichen, in der heiligen Priesterschaft des Todes. Die zu klein, zu weich, zu schwächlich gewesen wäre für sein Leben, wird ihm herrlich als Sterbensgenossin, weil sie die einzige wird, die über seinen Tod noch ein trügerisches Abendrot von Liebe und Gemeinschaft hinzaubert. Er selbst hatte sich ihr angeboten: sie mußte ihn nur nehmen, und er war bereit.

Das Leben hatte ihn bereit gemacht, allzu bereit, es hatte ihn getreten, geknechtet, enttäuscht und erniedrigt – aber mit herrlicher Kraft hebt er sich noch einmal auf und formt aus seinem Tod seine letzte heroische Tragödie. Der Künstler in ihm, der ewige Übertreiber facht das lang schwelende Feuer des heimlich glimmenden Entschlusses mit mächtigem Atem an; und wie eine Lohe von Jubel und Seligkeit schlägt es aus Kleistens Brust, seit er seines Freitodes gewiß ist, seit er, wie er sagt, »zum Tod ganz reif geworden«, seit er weiß, daß ihn das Leben nicht bemeistern wird, sondern er es bemeistert. Und der nie ein reines Ja zum Leben fand (wie Goethe), nun sagt und jubelt er sein freies seliges Ja zum Tode: herrlich ist dieser Klang, zum erstenmal tönt wie eine Glocke sein ganzes Wesen klar und ohne Dissonanz. Alle Sprödigkeit ist gebrochen, alle Dumpfheit zerstoben, prachtvoll dröhnt jetzt jedes Wort, das er spricht, das er schreibt, unter dem Hammer des Schicksals. Schon tut ihm der Tag nicht mehr weh, schon atmet er auf, schon atmet die aufgespannte Seele Unendlichkeit, das schmerzhaft Gemeine wird fern, das innere Leuchten Welt, und selig erlebt er seines eigenen Ich, seines Homburgs Verse vor dem Untergang:

> *Nun, o Unsterblichkeit, bist du ganz mein!*
> *Du strahlst mir durch die Binde meiner Augen*
> *Mir Glanz der tausendfachen Sonne zu!*
> *Es wachsen Flügel mir an beiden Schultern,*
> *Durch stille Ätherräume schwingt mein Geist;*
> *Und wie ein Schiff, vom Hauch des Winds entführt,*
> *Die muntre Hafenstadt versinken sieht,*
> *So geht mir dämmernd alles Leben unter:*
> *Jetzt unterscheid ich Farben noch und Formen,*
> *Und jetzt liegt Nebel alles unter mir.*

Die Ekstase, die ihn dreiunddreißig Jahre lang durch das Dickicht des Lebens trieb, nun hat sie ihn milde aufgehoben in eine Seligkeit des Abschieds. In der letzten Stunde faßt sich der Zerrissene zusammen, das Zerspaltene seines Wesens schmilzt im äußersten Gefühl. Im Augenblick, da er frei und kühl in das Dunkel tritt, verläßt ihn sein Schatten: der Dämon seines Lebens schwebt aus dem zerrütteten Leib wie Rauch über dem Feuer und löst sich auf in die Sphären. In der letzten Stunde schmilzt Kleistern Schwere und Schmerz, und sein Dämon wird Musik.

> Nicht jeden Schlag ertragen soll der Mensch,
> Und welchen Gott faßt, denk ich, der darf sinken
> ›Die Familie Schroffenstein‹

Andere Dichter haben großartig gelebt, weiter ausholend im Werke, lebensverbundener, Weltschicksal aus ihrer eigenen Existenz fördernd und verwandelnd: herrlicher als Kleist ist keiner gestorben. Von allen Toden ist kein Tod so umrauscht von Musik, so ganz Trunkenheit und Aufschwung als der seine; als dionysisches Opferfest endet dies »qualvollste Leben, das je ein Mensch geführt« (Todesbrief). Noch einmal erhebt er in dieser letzten Sekunde sein Wesen zur letzten Spannweite des Gefühls und überbrückt mit großartiger Gebärde den ewigen Abgrund zwischen Verzweiflung und Seligkeit; dem alles im Leben elend, ja jämmerlich mißlang, gelingt der dunkle Sinn seines Seins: der heroische Untergang. Manche (Sokrates, André Chenier) haben in jener letzten Sekunde es bis zu einem Moderato des Gefühls gebracht, zu einer stoischen, ja lächelnden Gleichgültigkeit, zu einem weisen, klaglos hingenommenen Sterben – Kleist, der ewige Übertreiber, steigert auch den Tod empor in eine Leidenschaft, einen Rausch, eine Orgie und Ekstase. Sein Untergang ist ein Seligsein, ein Hingegebensein, wie er es nie im Leben gekannt – entbreitete Arme, trunkene Lippen, Frohmut und Überschwang. Singend wirft er sich hinab in den Abgrund.

Nur einmal, nur dieses einzige Mal ist Kleisten die Lippe, die Seele gelöst, zum erstenmal hört man diese dumpfe gepreßte Stimme in Jubel und Gesang. Niemand hat ihn gesehen außer der Sterbensgefährtin in jenen Abschiedstagen, aber man fühlt es, sein Auge muß wie das eines Trunkenen, sein Antlitz erhellt gewesen sein vom Widerstrahl innerer Freude. Was er tut, was er schreibt in jenen Stunden, übertrifft sein höchstes Maß – die Todesbriefe sind für mein Empfinden das Vollendetste, das er geschaffen, letzter Aufschwung wie die Dionysos-Dithyramben Nietzsches, die Nachtgesänge Hölderlins: in ihnen weht Luft unbekannter Sphären, eine Freiheit über alle Irdischkeit. Musik, seine tiefste Neigung, die er in der Jugend heimlich im stillen Gelaß an der Flöte übte, die aber sich der gepreßten, verkrampften Lippe des Dichters eigenwillig verschloß – nun tut sie sich ihm auf, zum erstenmal strömt der Verschlossene über in Rhythmus und Melodie. In diesen Tagen schreibt er sein einziges wirkliches Gedicht, einen mystisch-trunkenen Liebesüberschwall, die ›Todeslitanei‹ – ein Gedicht, ganz voll Dunkelheit und Abendrot, halb Stammeln, halb Gebet und doch magisch schön jenseits allen wachen Sinns. Alle Stockigkeit, alle Härte, alle Schärfe und Geistigkeit, das kalte Licht von Geist, das sonst nüchtern über seiner heißesten Bemühung hinfällt, ist von der Musik erlöst, das Preußisch-Strenge, Krampfige seines Zugriffs schön gelockert in Melodie – zum erstenmal schwebt er im Wort, schwebt er im Gefühl: die Erde hat ihn nicht mehr.

Und so hochschwebend – »wie zwei fröhliche Luftschiffer«, sagt er in seinem Todesbriefe – sieht er noch einmal nieder auf die Welt, und sein Abschied ist ohne Groll. Die eigene Bitternis, er versteht sie nicht mehr, alles scheint so nieder, so fern und sinnlos, das ihn bedrängt, seit er es schon aus der Unendlichkeit sieht. Bereits der andern Frau in den Tod verschworen, denkt er noch jener, für die er gelebt, die ihn geliebt: Marie von Kleist: ihr schreibt er aus innerster Seele Abschied und Bekenntnis. Er umarmt sie noch einmal im Geiste, aber nun ohne Gier und Überschwang, wie einer, der ins Ewige geht. Dann schreibt er Ulrike, der Schwester: noch zuckt die Erbitterung über die erlittene Schmach in seiner Seele, und die Worte werden hart. Aber acht Stunden später, im Sterbezimmer, bei Stimmings, ganz aufgeschwungen schon im Vorgefühl, erscheint's ihm als Unrecht, aus seiner Seligkeit noch irgend jemanden zu kränken: er schreibt ein zweites Mal, liebevoll der einst Geliebten und voll Vergebung, und wünscht ihr das Beste. Und dies Beste, das Kleist vom Leben zu wünschen weiß, heißt: »Möge Dir der Himmel einen Tod schenken, nur halb an Freude und unaussprechlicher Heiterkeit, dem meinigen gleich: das ist der herzlichste und innigste Wunsch, den ich für Dich aufzubringen weiß.«

Nun ist Ordnung geschaffen, der Friedlose befriedet: unvergleichlichstes, unwahrscheinlichstes Geschehen, Kleist, der Zerrissene, fühlt sich in Verbundenheit mit der Welt. Der Dämon hat keine Macht mehr, ihn zu treiben; was er von seinem Opfer wollte, ist erreicht. Noch einmal blättert der schon Ungeduldige in seinen Papieren: ein Roman liegt vollendet, zwei Dramen, die Geschichte seines Innern – niemand will sie, niemand kennt sie, niemand soll sie kennen. Auch der Stachel des Ehrgeizes dringt nicht mehr in die gepanzerte Brust, achtlos verbrennt er seine Manuskripte (darunter den ›Homburg‹, der nur durch eine zufällige Abschrift gerettet bleibt): zu klein scheint ihm der kärgliche Nachruhm, dies literarische Leben in Jahrhunderten, vor seinen Äonen. Nun ist nur Kleines mehr zu erledigen, aber auch dies tut er sachlich und sorglich, an jeder Verfügung erkennt man den klaren, durch keine Angst oder Leidenschaft verwirrten Geist. Ein paar Briefe soll Peguilhen besorgen, die Schulden bezahlen lassen, die er sorglich Pfennig für Pfennig registriert, denn das Pflichtgefühl begleitet Kleist bis in den »Trimphgesang seines Todes«. Es gibt vielleicht keinen zweiten Abschiedsbrief, der dermaßen durchwaltet ist von der Dämonie der Sachlichkeit, wie jener an den Kriegsrat: »Wir liegen erschossen auf dem Wege nach Potsdam«, beginnt er – mit der gleichen unerhörten Kühnheit wie in den Novellen das Geschehnis an den Anfang drängend, und wie in den Novellen ist die Erzählung eines unerhörten Schicksalfalles sachlich gehärtet in ehernster Plastik und Deutlichkeit. Und es gibt keinen zweiten Abschiedsbrief, der dermaßen durchwoben ist von der Dämonie des Übeschwanges wie jener an die Geliebte, an Marie von Kleist – in der letzten Stunde sieht man noch herrlich die Zweiheit seines Lebens, Zucht und Ekstase, aber beide hinausgetrieben ins Heldenhafte, ins herrlich Große.

Seine Unterschrift ist der letzte Strich unter der ungeheuren Schuld, die das Leben an ihn hat: stark setzt er sie hin, nun ist die komplizierte Rechnung endlich abgeschlossen, jetzt geht er daran, den Schuldbrief zu zerreißen. Heiter wie ein Brautpaar fahren die beiden zum Wannsee hinaus. Der Wirt hört sie lachen, über die Wiesen tollen, sie trinken heiter im Freien den Kaffee. Dann fällt – genau zur vereinbarten Stunde – der eine Schuß und sofort darauf der zweite, mitten in das Herz der Gefährtin, mitten in den eigenen Mund. Seine Hand hat nicht gezittert. In der Tat: er verstand es besser, zu sterben als zu leben.

Kleist ist der große tragische Dichter der Deutschen nicht aus einem Willen, sondern aus einem Gewolltwerden, einzig darum, weil er zwanghaft eine tragische Natur und seine Existenz eine Tragödie war: gerade dies Dunkle, Verschränkte, Versperrte und gleichzeitig Aufgetriebene, das Prometheische seines Wesens schafft das Unnachahmliche seiner Dramen, das die Nachfahren weder mit Hebbels kalter Geistigkeit noch mit Grabbes fahriger Hitze jemals erreichen können. Sein Schicksal und seine Atmosphäre sind integrierender Bestandteil seines Werkes: deshalb scheint mir die oft gestellte Frage, wie weit er, gesundet und von seinem Fatum erlöst, die deutsche Tragödie noch erhoben hätte, töricht und fremd. Seines Wesens Wesen war Spannung und Gespanntheit, seines Schicksals unabweisbarer Sinn Selbstzerstörung durch Übermaß: darum ist sein freiwillig früher Tod ebensosehr sein Meisterwerk wie der ›Prinz Friedrich von Homburg‹: denn immer muß neben den Gewaltigen, die Herren des Lebens sind wie Goethe, von Zeit zu Zeit einer erstehen, der das Sterben meistert und aus dem Tode ein Gedicht über die Zeiten schafft. »Oft ist ein guter Tod der beste Lebenslauf« – der unglückliche Günther, der diesen Vers sich schrieb, wußte ihn nicht zu formen, den guten Tod, er glitt nieder in sein Unglück und losch aus wie ein kleines Licht. Kleist, der wahrhafte Tragiker dagegen, erhöht plastisch sein Leiden in das unsterbliche Denkmal eines Untergangs; alles Leiden aber wird sinnvoll, wenn es die Gnade der Gestaltung erlebt. Dann wird es höchste Magie des Lebens. Denn nur der ganz Zerstückte kennt die Sehnsucht nach Vollendung. Nur der Getriebene erreicht die Unendlichkeit.

Heinrich von Kleist: Ein Bild seines Lebens und Wirkens (Rudolf Genée)

Heinrich von Kleist steht unter den Geistesarbeitern der deutschen Nation nicht unbestritten in der Reihe unserer ersten und als klassisch anerkannten Dichter und Denker.

Trotz seiner außerordentlichen dichterischen Kraft steht er dennoch in der Totalität seiner Erscheinung nicht ebenbürtig neben Lessing, Herder, Goethe oder Schiller, sondern er nimmt nach diesen seinen ganz besondern Platz ein, als der weitaus grüßte, aber auch unglücklichste der Romantiker. Auch nach seinem Tode hat es noch lange gedauert, bis er in unserer Literatur zu der in neuerer Zeit ihm zuerkannten Bedeutung gelangt ist. Solche Erscheinungen haben stets ihren Grund in der dichterischen Persönlichkeit und in deren Schöpfungen selbst, und man braucht deshalb die Mitlebenden des Dichters nicht anzuklagen, daß sie ihn ungewürdigt gelassen hätten. Wenn man sich gegenwärtig in gesteigertem Maße und mit gesteigerter Anerkennung seiner ungewöhnlichen dichterischen Bedeutung zuwendet, so ist dies aus verschiedenen Ursachen zu erklären. Erstens Pflegt die Nachwelt einen besonderen Eifer daran zu setzen, das wieder gut zu machen und das reichlichst zu gewähren, was die Mitwelt dem Dichter versagte, und nicht selten geht sie dabei ebensosehr über die Grenzen der Bewunderung hinaus, wie man vordem hinter dem ihm zukommenden Maße der Anerkennung zurückgeblieben war. Bei Kleist aber ist es außerdem neben dem Dichter auch seine Persönlichkeit und sein tragisches Geschick, was das Interesse für ihn mehr und mehr gesteigert hat.

Kein deutscher Dichter von seiner Bedeutung hat sein Leben hindurch so schmerzlich gerungen und gelitten, keinem wurde ein so wahrhaft tragisches Geschick bestimmt wie eben unserem Kleist. Ein Dichter, der sich selbst seiner poetischen Kraft bewußt war wie irgend einer und der doch niemals als Dichter einen Erfolg gehabt, der ihn hätte erheben oder auch nur befriedigen können) ein Mensch von starkem und strengem Sittlichkeitsgefühl, der dasselbe überall im Widerspruch mit den ihn umgebenden Verhältnissen empfand; endlich ein Patriot von reinster, tiefinnigster Liebe für sein Vaterland, das er unter der brutalen Mißhandlung eines verhaßten Feindes bluten und in Ohnmacht danieder gesunken sah: das alles wirkte in dem unglücklichen Kleist zusammen – und noch manches andere, worauf wir später kommen – um ihm ein Leben voll Enttäuschungen, voll Trauer, Entbehrungen und Bitterkeiten zu bereiten, und ihn frühzeitig in den selbstgewählten Tod zu treiben.

Wo uns Kleist in seinen Dichtungen zur Bewunderung nötigt, da haben wir es nur mit dem Dichter zu tun. Wo er hingegen uns abstößt und betroffen macht, da suchen wir in ihm den Menschen auf, um aus seiner Gemütsart wie aus seinen Schicksalen und Lebensverhältnissen uns die Widersprüche zu erklären, und dann finden wir, daß es bei vielen großen und liebenswürdigen Eigenschaften doch ein von Natur aus unglückliches Gemüt ist, welches unsere Teilnahme in so ganz verschiedenartiger Weise erweckt, und ein Dichter, der uns zum denkbar höchsten Entzücken bewegt, um gleich hinterher unser Gefühl zu verletzen oder doch mindestens Befremden zu erregen. Die Widersprüche in Kleist sind es freilich auch, die den Biographen und den Forscher in besonderer Weise reizen, die aber auch mehr als bei irgend einem andern Dichter uns veranlassen, ihn und seine dichterischen Schöpfungen aus seiner menschlichen Eigenart und Persönlichkeit zu erklären.

Heinrich von Kleist wurde am 18. Oktober 1777 als der Sohn eines preußischen Offiziers, des Kapitäns Joachim Friedrich von Kleist, zu Frankfurt an der Oder geboren. Seine beiden älteren Geschwister waren Mädchen, später wurden ihm noch ein Bruder und eine Schwester geboren. Von seinen Jugendjahren wissen wir nicht viel. Sein Hauslehrer schildert ihn »als einen nicht zu dämpfenden Feuergeist« von exaltierter Gemütsart, die sich selbst in geringfügigen Dingen bemerkbar machte, dabei aber auch, wo es auf Bereicherung seiner Kenntnisse ankam, mit bewunderungswürdiger Auffassungsgabe ausgerüstet, von Liebe und warmem Trieb zum Wissen beseelt, und zugleich »der offenste, fleißigste und anspruchsloseste Kopf von der Welt.«

Schon in seinem zehnten Lebensjahre scheint er seine Eltern verloren zu haben, aber, als einer militärischen Familie von altem preußischem Geschlecht entstammend, war es natürlich, daß auch der Knabe für den Militärstand bestimmt war. Zu seiner weiteren Ausbildung wurde er 1787 nach Berlin geschickt und 1792 trat er in die preußische Armee ein. Was wir aus den folgenden Jahren von ihm wissen, läßt uns auch schon sein herzliches Verhältnis zu seiner Lieblingsschwester Ulrike erkennen, ein Verhältnis, dem wir eine große Anzahl von Briefen verdanken, die uns tiefe und reiche Einblicke in sein Gemütsleben gestatten, und in denen uns auch manche Daten über seine äußern Lebensverhältnisse aufbewahrt worden sind.

Kleists mächtiger Trieb zu den Wissenschaften ließ ihn nicht lange im Soldatenstande ausharren. Schon 1798 stand sein Vorsatz fest, seinen Abschied nachzusuchen, und nachdem er unter der Leitung des Konrektors Bauer in Potsdam sich zur Universität vorbereitet hatte, ging er zu seinen Geschwistern nach Frankfurt a. O. zurück, um dort seine Zeit ganz den Studien zu widmen. Daß das Aufgeben seiner militärischen Laufbahn nicht ohne harte Kämpfe mit seinem Vormund und seinen Verwandten abgehen konnte, versteht sich von selbst, und sein Entschluß erregte um so mehr Befremden und Widerspruch, als er für seine wissenschaftlichen Studien – es waren zunächst Mathematik und Philosophie – einen bestimmten Lebensberuf nicht ins Auge gefaßt zu haben schien. Nur allgemeine wissenschaftliche Bildung, alles, was ihm zu einem harmonisch ausgebildeten Menschen nötig zu sein schien, das war es, was er begehrte, und er mochte hierbei schon ein dunkles Gefühl für seinen dichterischen Beruf haben. Von hohem Interesse für die Beurteilung seiner ihn damals bewegenden Gefühle und für die vorgeschrittene Reife seines Geistes in so früher Jugend sind seine Briefe, die uns bereits Ed. v. Bülow in seinem grundlegenden Buche über Kleist (»Heinrich von Kleist's Leben und Briefe« Berlin, 1848) mitgeteilt hat. In den beiden an seinen ehemaligen Lehrer gerichteten Briefen vom Jahre 1799 erörtert der noch nicht zweiundzwanzigjährige Jüngling bereits mit der ihm eigenen Hartnäckigkeit und Strenge allgemeine menschliche Probleme, wobei er aber auch sein eigenes Leben und seinen Beruf im Auge hat, wenn er die Frage aufwirft: »ob ein Fall möglich sei, in welchem ein denkender Mensch der Ueberzeugung eines andern mehr trauen soll, als seiner eigenen?« Im zweiten Briefe spricht er es offen aus, daß er »dem Soldatenstande nie von Herzen zugetan gewesen,« weil er etwas durchaus Ungleichartiges mit seinem ganzen Wesen in sich trüge; der Stand sei ihm verhaßt geworden, weil er von zwei durchaus entgegengesetzten Prinzipien unaufhörlich gemartert wurde, weil es ihm immer zweifelhaft war, ob er als Mensch oder als Offizier handeln müsse, und er sei deshalb mit Notwendigkeit dazu getrieben worden, diesen Stand zu verlassen. Diesen schon hier ausgesprochenen Konflikt zwischen seinem eigenen Fühlen und seiner eigenen Erkenntnis mit den durch äußere Verhältnisse ihm auferlegten Pflichten glaubte er mit seinem Verlassen des Offizierstandes zu beenden, aber er hat ihn sein ganzes Leben lang mit sich herumgetragen, und er ist bis zu seinem Ende damit gemartert worden. Seine Studien auf der damals noch bestehenden Universität zu Frankfurt an der Oder trieben ihn immer mehr in die Probleme der Philosophie, und bestärkten ihn in seinem sittlichen Rigorismus, den er nicht nur gegen andere, sondern vor allem auch gegen sich selbst geltend machte. Dabei war er im geselligen Verkehr mit seinen Geschwistern und mit seinen Freunden für gewöhnlich heiter, unterhaltend und von goldener Treuherzigkeit. Oft kindisch ausgelassen, konnte er aber durch das geringste Vorkommnis, was sein strenges Sittlichkeitsgefühl verletzte, ernst und abweisend, ja in tiefster Seele empört werden, und auch in ruhiger Stimmung warf er sich gern zum Lehrmeister auf, vor allem denjenigen Personen gegenüber, die seinem Herzen am nächsten standen, und das war in erster Reihe seine Schwester Ulrike, gegen die er nicht müde wurde, besonders im brieflichen Verkehr, sein Herz auszuschütten, und der er einmal schreibt: »Du bist die einzige, die mich hier ganz versteht ... Deine Mitwissenschaft meiner ganzen Empfindungsweise, Deine Kenntnis meiner Natur, schützt sie umsomehr vor ihrer Ausartung; denn ich fürchte nicht allein mir selbst, ich fürchte nun, auch Dir zu mißfallen. Dein Beispiel schützt mich vor allen Einflüssen der Torheit und des Lasters, Deine Achtung sichert mir die meinige zu.« – Es scheint, daß Kleist in solchen Empfindungen sich lieber schriftlich als mündlich aussprach, denn er schrieb auch Briefe, wo der persönliche Verkehr ihm das Schreiben unnötig machte.

Sein Herz war zu voll, sein Geist zu erregt, als daß er im Sprechen hätte den richtigen Ausdruck finden können, und da es ihm dabei darauf ankam, das, was er empfand und dachte, auch richtig und mit eindringlicher Klarheit auszudrücken und zu stilisieren, so erkennen wir auch hierin schon seine Neigung und seinen Beruf für die Feder.

In seinem Umgang mit den Geschwistern und jüngern Freunden war es unter andern auch sein eifriges Bestreben, darauf hinzuwirken, daß eine gute und reine deutsche Sprache, mit der es damals im allgemeinen noch ziemlich übel aussah, zu ihrem Rechte komme, und er erklärte es seinen Geschwistern als eine Schande, daß die Sprache des eigenen Landes so schlecht gesprochen werde. Vorübergehend hatte er den Gedanken gefaßt, auf eine Professur sich vorzubereiten. Zu seiner eigenen Uebung nicht minder wie zur Belehrung der Seinigen hielt er ihnen ein Kollegium über Kulturgeschichte und hatte sich dazu ein eigenes Katheder herstellen lassen. Kleists Gedanke an eine später zu erlangende Professur war aber nur vorübergehend, wie er sich denn überhaupt für einen zu erwählenden bestimmten Lebensberuf durchaus nicht entschließen konnte.

In diese Zeit seines Frankfurter Aufenthalts, 1799 bis 1800, fällt ein wichtiger Moment seines Lebens, indem er sein Herz einem Mädchen schenkte, mit welchem er für sein Leben sich dauernd zu verbinden dachte. Wichtig für sein Leben war diese Liebesgeschichte, obwohl sie nach dem Verlöbnis zu einer dauernden Verbindung nicht geführt hat, denn das Verhältnis löste sich später wieder, ohne daß irgend ein bestimmtes Ereignis dazwischen getreten wäre. Die Auserwählte war die Tochter eines Nachbars in Frankfurt, des Generals von Zenge. Auch aus dieser Zeit seiner Verlobung mit *Wilhelmine von Zenge* sind uns seine Briefe erhalten geblieben, die uns wichtige Einblicke in seine Gemütsverhältnisse gestatten und vieles zur Beurteilung seines eigenartigen Wesens beitragen. Kleist hatte die Marotte, daß dies Einverständnis geheim bleiben sollte, weil er meinte, daß durch die Mitwissenschaft anderer der zarte und beseligende Reiz einer solchen Liebe beeinträchtigt werde. Nur die Schwester seiner Wilhelmine war in das Geheimnis gezogen, aber endlich sollten es doch auch wenigstens die Eltern der Braut auf deren Drängen erfahren, und hiernach blieb es für alle anderen ein öffentliches Geheimnis. Kleists leidenschaftliche Natur brachte schon frühzeitig auch dies Verhältnis zu seiner Braut in eine schiefe Richtung. Er verlangte in seiner herrischen Liebe von ihr, daß sie nichts erfreuen sollte, als was sich auf ihn bezog, und daher kam es, daß er fortwährend sich veranlaßt fand, über Mangel an Liebe sich zu beklagen. Auch in diesem Verhältnisse zeigte sich wieder seine Vorliebe für schriftliche Auseinandersetzungen, wo ihm der mündliche Verkehr näher lag. Denn obwohl die Liebenden Haus an Haus wohnten, so schrieb er ihr doch beinahe täglich die leidenschaftlichsten Briefe. Es wird uns schon hierdurch die Vermutung nahe gelegt, daß die angebliche Leidenschaft bei ihm keine wahrhafte Liebe war, wie sie zwei Menschen zu ihrem beiderseitigen Glück verbinden soll, sondern daß es sich hier mehr um Exaltationen seiner starken Einbildungskraft handelte, und wir können danach begreifen, daß auch dies Verhältnis ihn für die Dauer nicht beglücken konnte.

Im Sommer des Jahres 1800 verließ Kleist seinen Heimatsort wieder, um sich nach Berlin zu begeben, und zwar infolge eines von ihm neu gefaßten Planes. Er hatte nämlich seinen Studien eine andere Richtung gegeben und die Diplomatie zu seinem Lebensberuf wählen wollen, indem er sich vorstellte, einmal zu einem Gesandtschaftsposten zu kommen. Wie schwach aber auch dieser Vorsatz in ihm war und wie leicht er wieder schwand, zeigte sich sehr bald. In der Tat war er nach Berlin gereist und hatte sich dort dem Minister Struensee vorgestellt, der ihn kurze Zeit zu einigen Geschäften verwendete. Unverhofft nach Frankfurt zurückgekehrt, verkündete er dort den Seinen die Notwendigkeit einer längeren Reise. Was der eigentliche Zweck derselben war, ist bis heute noch nicht aufgeklärt worden, und Kleist selber behandelte die Sache wie ein wichtiges Geheimnis. Zuerst sollte die Reise nach Wien gehen, aber mit einem in Berlin neu gewonnenen Freunde Brockes reiste er nach Dresden, und von hieraus nicht nach Wien, sondern nach Würzburg. Ende Oktober 1800 war er wieder nach Berlin zurückgekehrt, und von hier aus schrieb er sowohl an seine Schwester Ulrike, wie danach an seine Braut Wilhelmine seltsam erregte Briefe, aus denen schon wieder seine Abneigung gegen die diplomatische Laufbahn hervorgeht, während er anderseits geheimnisvolle Andeutungen über neue Lebensziele macht. »Jetzt erst,« schreibt er an seine Schwester, »öffnet sich mir etwas, was mich aus der Zukunft anlächelte, wie Erdenglück ... Ich war gestern in Potsdam, und alle Leute glaubten, ich wäre darum so seelenheiter, weil ich angestellt wäre – die Toren!« Einen Monat später erklärt er denn auch deutlich seine Abneigung gegen die diplomatische Laufbahn, unmittelbar, nachdem ihm ein bestimmtes Amt angeboten war. »Wenn ich dieses Amt ausschlage, so gibt es für mich kein besseres, wenigstens kein praktischeres. Die Reise war das einzige, was mich reizen konnte, so lange ich davon noch nicht genug unterrichtet war.« Hier sagt er also ziemlich deutlich, daß der Zweck der Reise eine geheime diplomatische Sendung, wenn auch vielleicht von untergeordneter Bedeutung, war, und fährt dann fort: »Aber es kommt dabei hauptsächlich auf List und Verschmitztheit an und darauf verstehe ich mich schlecht. Die Inhaber ausländischer Fabriken führen keinen Kenner in die Werkstatt. Das einzige Mittel also, doch hinein zu kommen, ist Schmeichelei, Heuchelei, kurz, Betrug. Ja, man hat mich in dieser Kunst, zu betrügen, schon unterrichtet; nein, mein liebes Ulrikchen, das ist nichts für mich. Was ich aber für einen Lebensweg einschlagen werde? Noch weiß ich es nicht.« Und wieder kommt er in diesem Brief auf die früher schon gemachten Andeutungen zurück, daß er jetzt vieles auf dem Herzen habe, das ihn froh stimmt – »setzt hat sich die Sphäre für meinen Geist und für mein Herz ganz unendlich erweitert,« – aber ihr ausführlich darüber zu schreiben, das würde in einem Briefe zu weit führen.

Der Brief, den er so ziemlich um dieselbe Zeit an seine Braut schrieb, ist eine förmliche Abhandlung über die Frage: ob ihn ein Amt glücklich machen könne? Und er verneint diese Frage aufs entschiedenste und beantwortet dabei auch alle Einwände, die ihm dagegen gemacht werden könnten. »Kann man denn,« fragte er weiter, »nichts Gutes wirken, wenn man auch nicht eben dafür besoldet wird?« Immer ist es der Drang nach Unabhängigkeit, der aus diesen seinen Erörterungen spricht. Freilich müsse er dann etwas erwerben können, und das würde er sicher einmal, wenn sie nur ein wenig Geduld haben wolle. Und nun spricht er zum ersten Male es offen und bestimmt aus, daß er durch schriftstellerische Tätigkeit erwerben und glücklich mit ihr leben könne: »Ich bilde mir ein, daß ich Fähigkeiten habe, seltene Fähigkeiten, meine ich. Ich glaube es, weil mir keine Wissenschaft zu schwer wird, weil ich rasch darin vorrücke, weil ich manches schon aus eigener Erfindung hinzugetan habe, – und am Ende glaube ich es auch darum, weil alle Leute mir es sagen. Da stünde mir nun für die Zukunft das ganze schriftstellerische Fach offen. Darin fühle ich, daß ich sehr gern arbeiten würde. Da ist die Aussicht auf Erwerb äußerst vielseitig. Ich könnte nach Paris gehen, und die neueste Philosophie in dieses neugierige Land verpflanzen...« Wie brodelt hier in seinem Kopfe alles durcheinander! Also nicht dichterische Produktion war es zunächst, was er treiben wollte, sondern Philosophie. Er, der jetzt dreiundzwanzigjährige Jüngling, will die Franzosen mit der Kantschen Philosophie bekannt machen, in der er selbst noch so unsicher hin und her schwankte, in der aber das vom großen Philosophen aufgestellte Sittengesetz, das als der kategorische Imperativ bezeichnet wurde, sein ganzes Fühlen und Denken so mächtig ergriffen hatte. Auf seinen Plan, nach Frankreich zu gehen, wieder zurückkommend, präzisiert er denselben dahin, zunächst die französische Schweiz zu erwählen, um dort Unterricht in der deutschen Sprache zu geben, denn es werde von der Akademie und von allen französischen Gelehrten unaufhörlich die Erlernung der deutschen Sprache anempfohlen, »weil man einsieht, daß jetzt von keinem Volke der Erde mehr zu lernen ist als von den Deutschen.« Endlich empfiehlt er seiner Braut, recht fleißig die französische Sprache zu treiben, in der er selber sich auf französischem Boden recht zu beschäftigen hoffe, weil er nur durch dieses Mittel die Franzosen in der neuen deutschen Philosophie unterrichten könne. Sehr sonderbar nimmt es sich dabei aus, wie er zwischen allen diesen Erörterungen und Plänen immer wieder darauf bedacht ist, für die »Bildung« seiner Braut zu sorgen, was er abwechselnd wie ein feuriger Liebhaber und wie ein recht pedantischer Schulmeister tut.

Nachdem Kleist den Winter über meist in Berlin verlebt, kam es im Frühling 1891 mit seinem Reiseplan zu einer neuen und entscheidenden Krisis. Das Leben in Berlin hatte ihn immer unruhiger und unzufriedener mit sich selbst gemacht, und die Philosophie, anstatt ihn zu trösten, hatte ihn an sich selbst verzweifeln gemacht, und mit seiner gewöhnlichen Heftigkeit beschließt er plötzlich, den Wissenschaften den Rücken zu kehren, weil er – keine Wahrheit darin finden konnte, nicht die mit aller Kraft seiner Seele von ihm gesuchte Wahrheit. Der entsprechende Brief an seine Wilhelmine ist vom 22. März 1801. Auch dieser ist wieder eine ganze Abhandlung, in welcher er auf die bisher von ihm geträumte Bestimmung des Menschen und auf den Zweck der Schöpfung kommt, welcher Vervollkommnung sei: »Ich glaubte, daß wir einst nach dem Tode von der Stufe der Vervollkommnung, die nur auf diesem Sterne erreichten, auf einer andern weiter fortschreiten würden, und daß wir den Schatz der Wahrheiten, den wir hier sammelten, auch dort einst brauchen können. Aus diesen Gedanken bildete sich so nach und nach eine eigene Religion und das Bestreben, nie auf einen Augenblick hienieden stille zu stehen, und immer unaufhörlich einem höhern Grade von Bildung entgegenzuschreiten, ward bald das eigene Prinzip meiner Tätigkeit. Bildung schien mir das einzige Ziel des Bestrebens, Wahrheit der einzige Reichtum, der des Besitzes würdig ist...« Nach weiterer Ausführung des Gedankens kommt er dann zu dem schmerzlichen Resultat, daß unser Verstand uns keine Bürgschaft dafür gibt, ob wir richtig erkennen und urteilen: »Wir können nicht entscheiden, ob das, was wir Wahrheit nennen, wahrhaft Wahrheit ist, oder ob es uns nur so scheint. Ist es das letztere, so ist die Wahrheit, die wir hier sammeln, nach dem Tode nichts mehr, und alles Bestreben, ein Eigentum sich zu erwerben, das uns auch in das Grab folgt, ist vergeblich...« Sein Seelenzustand muß, nach diesem Briefe zu urteilen, in dieser Zeit ein tief trauriger gewesen sein, und einige Linderung empfand er nur darin, sich darüber, wenn auch nur brieflich, aussprechen zu können. Aus diesen seinen Briefen an Wilhelmine erkennen wir aber auch, daß er seine Braut fortwährend auf harte Geduldsproben stellte. Und jetzt stand sein Entschluß fest, zu reisen, denn er sehnte sich »ins Freie«, weil er im Freien auch freier werde denken können; denn in Berlin, schreibt er, finde er nichts, was ihn auch nur auf einen Augenblick erfreuen könnte; unter Fremden aber hoffte er, sich wohler zu befinden als unter Einheimischen, die ihn für verrückt halten müßten, wenn er es wage, sein Innerstes zu zeigen.

Die Reise nach Paris, denn dieses blieb auch jetzt sein Ziel, wollte er mit seiner Schwester Ulrike machen, und diese hatte ihm schon zugeschrieben, deshalb nach Berlin zu kommen. Einen bestimmten Zweck dieser Reise hatte er jetzt nicht mehr, nur der Drang nach einer gründlichen Veränderung seiner Lage war es, was ihn erfüllte. In seinem vorletzten Briefe aus Berlin an Wilhelmine schickte er dieser sein Miniaturbild, das er für sie hatte malen lassen, und schrieb dabei: »Mögest Du es ähnlicher finden als ich. Es liegt etwas Spöttisches darin, das mir nicht gefällt; ich wollte, er hätte mich ehrlicher gemalt.« Aus demselben Briefe aber geht auch hervor, daß ihn das Unternehmen seiner Reise schon fast gereute. Er wäre auch in seiner jetzigen Stimmung lieber allein gereist, aber er hatte seiner von ihm so sehr geliebten und verehrten Schwester das Versprechen gegeben, sie bei einer Reise ins Ausland mitzunehmen, und so erwartete er ihre Ankunft in Berlin. Im April 1801 trat Kleist mit seiner Schwester die Reise an, welche zuerst nach Dresden führte. Hier verweilten sie ein paar Wochen, besuchten die Umgegend, die sächsische Schweiz, Freiberg und Teplitz, und machten in Dresden selbst angenehme Bekanntschaften. Besonders waren es zwei Schwestern, Fräuleins von Schlieben, welche ihm große Sympathien erweckten, weil sie, wie er selber an seine Braut schreibt, »arm, freundlich und gut« waren, »drei Eigenschaften, welche zusammengenommen mit zu dem Rührendsten gehören, das ich kenne.« Von Dresden reisten Kleist und seine Schwester (stets mit eigenem Geschirr) nach Leipzig, von dort nach Göttingen, Halberstadt, Mainz und Köln.

Sein erster Brief aus *Paris* ist vom 18. Juli datiert und an die eine der Fräuleins von Schlieben in Dresden gerichtet. Der Brief ist sehr warm und herzlich, aber der Inhalt läßt kein anderes Gefühl als das der Freundschaft und des innigsten Wohlwollens erkennen. Ueber seine Eindrücke in Paris schreibt er nur wenig, mit Gleichgültigkeit und auch mit Verachtung, dagegen erinnert er sich an alles Gute und Schöne, das er in dem lieben und herrlichen Dresden genossen und gibt dann überaus beredte und wahrhaft dichterisch schöne Schilderungen von der Großartigkeit des Rheins. Der Brief enthält aber auch ein paar sehr merkwürdige Stellen, welche wieder dartun, wie er ganz im unklaren über die fernern Ziele seines Lebens war. Erst berichtet er, daß er in Paris wenigstens ein Jahr bleiben werde, um die Naturwissenschaft zu studieren. Dann aber fährt er fort: »Wohin ich dann mich wende, und ob der Wind des Schicksals noch einmal mein Lebensschiff nach Dresden treiben wird? Ach! ich zweifle daran. Es ist wahrscheinlich, daß ich nie in mein Vaterland zurückkehre. In welchem Weltteile ich einst das Pflänzchen des Glückes pflücken werde, und ob es überhaupt irgendwo für mich blüht –? Ach! dunkel, dunkel ist alles!«

Für einen Jüngling, der seine Braut in Frankfurt an der Oder hatte, klingt dies schon etwas bedenklich. Und wenn auch solche Stimmungen bei Kleist, wie seine Pläne und Entschlüsse, stets nur flüchtig und vorübergehend waren, so erkennen wir doch auch hieraus, daß die heftige Liebe zu Wilhelmine bei ihm mehr in der Theorie bestand als in der Wirklichkeit. Sein nächster Brief an die Braut beginnt zwar herzlich genug: »Mein liebstes Minchen!« Aber gleich fragte er sie dann: Ob sie ihn wohl noch mit solcher Innigkeit liebe, ihm noch mit so vielem Vertrauen ergeben sei wie sonst? Er besorgt jetzt selbst, daß seine Abreise von Berlin, ohne Abschied von ihr zu nehmen, sie verstimmt haben müsse, und kommt dann zu dem seltsamen Geständnis, daß er oft mit sich gekämpft habe, ob es nicht seine Pflicht sei, sie zu verlassen, sie von demjenigen zu trennen, »der sichtbar seinem Abgrunde entgegeneilt.« Dann aber fragte er sich: wenn er sie verließe, ob sie dann wohl glücklicher sein werde? Ob sie nicht auch dann um die Bestimmung ihres Lebens betrogen sei, und ob ein anderer Mann sich um ein Mädchen bewerben werde, »dessen Verbindung weltbekannt ist.« Noch bedeutungsvoller sind im weiteren Verlaufe des Briefes seine Betrachtungen über Leben und Tod. Die Furcht vor dem Tode bezeichnet er als ekelhaft und fährt dann fort: »Das Leben ist das einzige Eigentum, das uns dann etwas wert ist, wenn wir es nicht achten,« – ein Gedanke, den er später in seinem ersten Trauerspiel »Die Familie Schroffenstein« fast wörtlich wiedergegeben hat.

Kleist war in Parts zwar mit einigen Gelehrten bekannt geworden, scheint aber dennoch sich von allem, was ihn wieder zu den Wissenschaften hätte führen können, wieder zurückgezogen zu haben. Es ist begreiflich, daß bei einer Natur, wie die seinige war, in den Verhältnissen der Pariser Gesellschaft nicht nur seine sittliche Strenge zum äußersten Widerstand gegen die moralische Fäulnis sich erhoben hatte, sondern daß seine schon früher ein paarmal geäußerte Sehnsucht nach der Einfachheit und Reinheit der ländlichen Natur mächtiger in ihm wurde. Zwischen den Briefen an seine Braut schrieb er einmal auch an deren Schwester, die er seine »goldene Schwester« zu nennen pflegte, und entwirft in diesem Briefe ein wahrhaft grausiges Bild von den Pariser Verhältnissen, ja von der Abscheulichkeit der Stadt selbst, wobei er offenbar mehr von seiner ausschweifenden Phantasie als von der strengen Wahrheit sich leiten ließ. Die Stadt schildert er als schmutzig, ekelhaft, stinkend, und unter den Bewohnern seien Verrat, Mord, Diebstahl, Ehebruch zwischen Blutsverwandten und Totschlag unter Freunden und Anverwandten Dinge, die täglich vorkommen, und die der Nachbar kaum des Anhörens würdigt. Dabei spottet er von Herzen und mit beißender Satire über die Franzosen, wie sie einen lächerlich hohen Wert auf feine und elegante Formen und Manieren legen; deshalb würden auch Soldaten, mögen sie in den Schlachten noch so sehr sich ausgezeichnet haben, in die Gesellschaften nicht zugelassen, wenn ihnen die nötige gesellschaftliche Eleganz fehle. »Ein Offizier,« schreibt er, »möge eine Tat begangen haben, die Bayards würdig wäre, so ist das hinreichend, von ihm zu sprechen, ihn zu loben und zu rühmen; nicht aber mit ihm in Gesellschaft zu sein. Tanzen soll er, er soll wenigstens die vier französischen Positionen und die fünfzehn Formeln kennten, die man hier Höflichkeiten nennt, und selbst Achilles oder Hektor würden hier kalt empfangen werden, weil sie keine *éducation* hatten und nicht amüsant genug waren.«

Es ist interessant, wie schon hier Kleists ehrliche Natur gegen das französische Wesen mit solcher Indignation sich auflehnt. Man wird hiernach um so mehr den furchtbaren Haß und patriotischen Radikalismus verstehen, der ihn später gegen die frechen Eindringlinge erfüllte. Die in seinem unruhigen Geiste jetzt revoltierende Idee, die schon durch seine Begeisterung für Jean Jaques Rousseau erweckt worden war, sich nicht nur von den Wissenschaften, sondern von der modernen Zivilisation überhaupt auf die Einfachheit des Natur- und Landlebens sich zurückzuziehen, war begreiflicherweise durch die sittliche Fäulnis, welche bei den Franzosen ihn anekelte, zu einem bestimmten Entschlusse gediehen. Und diesen Entschluß setzt er im Oktober 1801 in zwei Briefen ausführlich seiner Braut auseinander: »Die Wissenschaften«, schreibt er ihr, »habe ich ganz aufgegeben. Ich kann Dir nicht beschreiben, wie ekelhaft mir ein wissender Mensch ist, wenn ich ihn mit einem handelnden vergleiche. Kenntnisse, wenn sie noch einen Wert haben, so ist es nur, wenn sie vorbereiten zum Handeln.« Dann erinnert er sich wieder an seine geistigen Fähigkeiten und meint, mit »Bücherschreiben« könnte er mehr verdienen, als er braucht. »Aber Bücherschreiben für Geld? nichts davon ... Ich begreife nicht, wie ein Dichter das Kind seiner Liebe einem so rohen Haufen wie die Menschen sind, übergeben kann.« Ein Feld zu bebauen, einen Baum zu pflanzen, ein Kind zu zeugen, das gilt ihm jetzt als die höchste und einzige Weisheit des Lebens – »ich will im eigentlichen Verstande ein Bauer werden, mit einem etwas wohlklingendem Worte ein Landmann.« Seine Idee war, im nächsten Frühjahr von Paris in die Schweiz zu gehen, dort sich ein Oertchen auszusuchen, wo er mit Wilhelmine eine Familie gründen könne, der übrigen Welt den Rücken kehrend. Er sagt sich wohl selber, daß seine Braut dagegen Bedenken haben könne, und er redet ihr kaum zu, ihm in das Asyl der Ländlichkeit zu folgen, sondern sucht schon mit dem Gedanken sich abzufinden, auf sie verzichten zu müssen –: »Ich habe kein Recht auf solche Aufopferungen, und wenn Du diese mir verweigerst, werde ich darum an Deiner Liebe nicht zweifeln. Indessen, liebes Mädchen, weiß ich fast keinen andern Ausweg.«

Was blieb Wilhelminen unter solchen Umständen anders übrig, als zu entsagen? Selbst wenn sie ihm gefolgt wäre, um die ländliche Zurückgezogenheit mit ihm zu teilen, so mußte es ihr sehr fraglich erscheinen, ob ihre Liebe hingereicht hätte, ihn glücklich zu machen, und ob ferner bei der ihn erfüllenden Unruhe, bei seinen so oft wechselnden Entschlüssen, selbst wenn dies jetzige Vorhaben zur Ausführung gekommen wäre, auch diese seine neueste Erkenntnis lange Bestand haben würde? Wilhelmine hatte seinen ihr entdeckten Lebensplan ihren Eltern mitgeteilt, welche ihn entschieden mißbilligten. Sie teilte ihm dies so schonend wie möglich mit, worauf Kleist ein halbes Jahr lang ganz gegen sie schwieg. Erst später schrieb er ihr wieder einen kurzen Brief, in welchem er sich über ihre Kälte beklagte, indem er hinzufügte, daß er nun zu der Einsicht gekommen sei, sie habe ihn nie geliebt und werde ihn niemals lieben. Damit war dies Verhältnis – gewiß ohne Schuld der Braut – gelöst. Wer könnte sagen, ob dieser Bruch von Einfluß auf den weitern tragischen Verlauf seines Lebens gewesen ist. Bei Kleists Natur wird man dies kaum annehmen können. Es war ihm, seiner ganzen Natur nach, ein glückliches Leben nicht beschieden, und er wäre sicher als Gatte und Familienvater ebensowenig zu dem ihm versagten Lebensglücke gelangt wie als ackerbauender Einsiedler. Sein neuer Lebensplan war übrigens auch von seiner Schwester Ulrike entschieden gemißbilligt worden, aber auch ihr Widerspruch konnte nichts gegen seinen Willen ausrichten. In Paris hielt er es nicht so lange aus, als es seine Absicht gewesen, denn schon im Dezember verließ er die ihm verhaßte Stadt. Da seine Schwester nach Deutschland zurückkehren wollte, so begleitete er sie bis Frankfurt am Main. Hier trennte er sich von ihr, um sich nach der Schweiz zu begeben. In Frankfurt hatte er einen Maler Lohse kennen gelernt, der ebenfalls nach der Schweiz wollte, und mit diesem wanderte er seinem ersehnten neuen Boden zu. Beide machten die Reise zu Fuß, über Darmstadt kamen sie nach Heidelberg, von dort nach einigem Verweilen nach Straßburg. Von hier führte sie der Weg durchs Elsaß nach Basel.

Der Entschluß, ein einsames Landleben zu führen, stand jetzt bei Kleist noch fest, wie aus seinen Briefen an seine Schwester hervorgeht. Aber es ist anders gekommen, als er dachte. In der Schweiz war er nicht zum Landmanne geworden, wohl aber – zum Dichter. Hier, in der Schweiz, war es, wo er sich zuerst zu selbständigen dichterischen Schöpfungen entschloß, und wo er sie auch wirklich aufs Papier brachte. Die Schweiz war das Geburtsland seiner ersten Tragödie *»Die Familie Schroffenstein«*, und in Bern erhielt er die erste Anregung zu seinem erst später ausgeführten Lustspiel »Der zerbrochene Krug«.

Die Bekanntschaften, welche Kleist in Bern machte, waren ganz geeignet, ihn mit der Poesie näher zu verbinden. Es waren zunächst die Söhne zweier hervorragender Dichter, Ludwig Wieland und der junge Geßner, und durch diese machte er die Bekanntschaft mit Heinrich Zschokke, welcher kurz zuvor als Regierungskommissar nach Bern gekommen war. Wichtig für uns sind die Mitteilungen, welche Zschokke über den Eindruck, welchen Kleist damals auf ihn gemacht, in der »Selbstschau« überliefert hat. Er berichtet darin von den beiden jungen Männern, welche damals ihm den Winter verschönt hatten, indem sie fast einzig für die Kunst des Schönen, für Poesie, Literatur und schriftstellerische Größe atmeten. Der eine von ihnen war der junge Wieland, der ihm besonders durch seinen Humor gefiel. »Verwandter fühlte ich mich dem andern wegen seines gemütlichen, zuweilen schwärmerischen, träumerischen Wesens, worin sich immerdar der reinste Seelenadel offenbarte. Es war Heinrich von Kleist. Beide gewahrten in mir einen wahren Hyperboräer, der von der neuesten poetischen Schule Deutschlands kein Wort wußte. Goethe hieß ihr Abgott; nach ihm standen Schlegel und Tieck am höchsten, von denen ich bisher kaum mehr als den Namen kannte ... Wir vereinten uns auch, wie Virgils Hirten, zum poetischen Wettkampfe. In meinem Zimmer hing ein französischer Kupferstich: *La cruche cassée*. In den Figuren desselben glaubten wir ein trauriges Liebespärchen, eine keifende Mutter mit einem Majolikakruge und einen großnasigen Richter zu erkennen. Für Wieland sollte die Aufgabe zu einer Satire, für Kleist zu einem Lustspiele, für mich zu einer Erzählung werden.« Wenn Zschokke dann hinzufügt, Kleist habe mit dem »zerbrochenen Krug« den Preis davongetragen, so kann sich dies erst auf die spätere Ausführung beziehen. Daß aber das Trauerspiel, »Die Familie Schroffenstein« in Bern schon geschrieben und vollendet war, wird uns durch Zschokkes Mitteilung dadurch bezeugt, daß der junge Dichter in diesem kleinen Kreise das Stück selbst vorgelesen habe. Bei den Extravaganzen in diesem Trauerspiel (welches ursprünglich in Spanien spielen sollte und »Die Familie Ghonorez« hieß) ist der Wortlaut der Zschokkeschen Erwähnung, namentlich mit Bezug auf den absurden letzten Akt, von Interesse. Zschokke sagt: »Als Kleist eines Tages sein Trauerspiel, die Familie Schroffenstein vorlas, ward im letzten Akte das allseitige Gelächter der Zuhörerschaft wie auch des Dichters so stürmisch und endlos, daß bis zu seiner letzten Mordszene zu gelangen, Unmöglichkeit wurde.«

Zschokke, der damals in seiner dramatischen Jugendsünde »Abällino« auch kein Werk geschaffen hatte, welches man heute mit Ernst anhören könnte, hatte von dem Kleistschen Trauerspiel nur den lächerlichen Eindruck des letzten Aktes im Gedächtnis behalten; denn daß das Stück mit seinen furchtbaren Szenen im übrigen einen starken Eindruck machen mußte, kann kaum zweifelhaft sein, und als eine trotz großer Mängel bedeutsame Erscheinung ist es auch aufgenommen worden, als die *Familie Schroffenstein* zuerst anonym 1803 in Bern in Druck erschienen war. Wenn es wahr ist, was Zschokke berichtet, daß der Dichter bei seiner Vorlesung im letzten Akte herzlich mitgelacht habe, so können wir nur das nicht begreifen, daß diese Heiterkeit schon vor der letzten sich in der Tragik überschlagenden Mordszene eingetreten war, denn die Szene zwischen Ottokar und Agnes, da letztere durch ihren Geliebten umgekleidet wird, tritt uns jetzt, bei aller Gewagtheit der Situation, doch als eine poetische Schönheit entgegen, die den echten Dichter erkennen läßt. Doch ist hierbei wohl zu beachten, daß das Stück damals noch nicht die Gestalt hatte, die er ihm später gab. Außerdem aber müssen die jungen Leute sich damals wohl selbst an den Uebertreibungen in der Romantik ergötzt und sie geflissentlich so gesteigert haben, um hinterher selbst darüber zu lachen. Das dramatische Erstlingswerk von Kleist gehört zu der Mehrzahl seiner dramatischen Dichtungen, welchen bei Lebzeiten des Dichters die Bühne verschlossen geblieben war. Aber die »Familie Schroffenstein« hat auch nach seinem Tode, trotz wiederholter damit gemachter Versuche, sich keinen festen Platz auf dem Theater erringen können. Der Dichter selbst hatte das Stück, nachdem es anonym im Drucke erschienen war und vielfach die Aufmerksamkeit auf dies neu auftauchende Talent gelenkt hatte, in einem Briefe an seine Schwester eine »elende Scharteke« genannt. Aber trotz der wahrhaft grausamen Logik, mit der der junge Dichter hier sein Thema durchführte, zeichnen die Schroffensteiner sich doch durch eine so gewaltige dramatische Kraft aus, daß das im letzten Akte erfolgende Umschlagen der Tragik in völlige Absurdität um so mehr zu bedauern ist. Wenn ein Dichter, der eine so furchtbar konsequent gezeichnete Gestalt wie diesen Rupert von Schroffenstein und Liebesszenen wie die zwischen Ottokar und Agnes schaffen konnte, es über sich vermochte, im letzten Akte mit dem doppelten Totstechen aus Mißverständnis und endlich mit dem auf die Bühne geworfenen Kinderfinger, der noch dazu gekocht ist, die

Tragik zum Abschluß zu bringen, so sollte man annehmen, daß dies in einer bizarren Laune geschah, daß er nach den so übermäßig hoch gesteigerten tragischen Konflikten selbst keinen Ausgang mehr wußte und mit einer gewissen Selbstironie dem Stücke jenen Abschluß gab, der ohne die daneben stehenden echt dichterischen Schönheiten als eine bewußte Parodie auf die Tragik angesehen werden müßte. Das ist aber bei Kleist nicht anzunehmen, denn ähnliche, wenn auch nicht so starke Ausschweifungen finden wir auch in den meisten seiner spätern und bedeutenderen Schauspiele, wie in »Penthesilea«, in der »Hermannsschlacht« und in »Käthchen von Heilbronn«, und sie belehren uns, daß in dem so großen dramatischen Talente eine kranke Stelle war, die ihn auf derlei Abwege führte.

Daß Kleist selber von seiner »Familie Schroffenstein« wenig hielt, ist zum Teil daraus zu erklären, daß vielleicht die Heiterkeit der Freunde, denen er es vorgelesen hatte, ihn stutzig gemacht, und daß er bald danach den Stoff zu einem andern Drama in seinem Kopfe trug. Es war dies *»Robert Guiskard«,* über welche Dichtung er schon im Dezember 1802 an seine Schwester schrieb: der Anfang des Gedichts erregte die Bewunderung aller Menschen, denen er es mitgeteilt. – »O Jesus! wenn ich es doch vollenden könnte! Diesen einzigen Wunsch soll mir der Himmel erfüllen, und dann mag er tun, was er will.« – Diese Dichtung sollte für einige Zeit die Hoffnung und Freude, aber auch der Schmerz seines Lebens sein. Eben weil ihm etwas Großes, Gewaltiges dabei vorschwebte, konnte ihn die Ausführung nie befriedigen; im folgenden Jahre hatte er in einer bittren Stimmung das Manuskript verbrannt, und es ist uns nur das in der Zeitschrift »Phöbus« 1808 abgedruckte Fragment erhalten geblieben.

Befremdend ist, daß auch das in der Erfindung so einfache Lustspiel »Der zerbrochene Krug«, zu welchem er doch schon in Bern die Idee gefaßt hatte, so lange Zeit brauchte, bis es zur Ausführung kam. Ueberhaupt trat nach den ersten Anfängen seines dichterischen Schaffens eine auffallend lange Pause ein, die uns Zeit läßt, hier wieder auf seinen äußern Lebenslauf zurückzukommen.

Noch ehe Kleist sich zu der ihm angeratenen Umarbeitung der »Schroffensteiner« entschloß, hatte er Bern verlassen und sich nach Thun begeben, wo er sich auf einer Insel der Aar ein kleines Häuschen mietete. Hier konnte er eine Zeitlang das von ihm ersehnte idyllische Leben führen, wenn auch nicht als Ackerbauer so doch als Dichter. Nachdem er die Umarbeitung mit seinem Trauerspiel gemacht und die spanische Familie Ghonorez in die schwäbische Schroffenstein umgewandelt hatte, ging er mit Leidenschaft an den »Robert Guiskard« und beschäftigte sich nebenbei mit dem Entwurf zum »zerbrochenen Krug«. Dabei war es ihm aber schon Bedürfnis, mit seinen Berner Freunden, Geßner und Zschokke, in brieflichem Verkehr zu bleiben. Daß Geßner seine »Schroffensteiner« zu drucken sich entschloß und ihm dafür dreißig Louisdor zahlte, erfüllte ihn schon mit der Zuversicht, daß, wenn sein kleines, schon zusammengeschmolzenes Vermögen verbraucht sei, er von der Schriftstellerei leben könne.

Aber gerade in jener ungestörten Idylle scheint sein inneres Leben ihn um so heftiger gerüttelt zu haben, denn er erkrankte hier, und als er sich wieder nach Bern begeben hatte, lag er dort im Hause eines Arztes schwer danieder. Seine treue Schwester Ulrike, sobald sie von seiner Krankheit unterrichtet worden war, eilte sofort zu ihm und reiste dann, Ende des Jahres 1802, mit dem langsam Genesenden nach Deutschland zurück. Nachdem er kurze Zeit in Jena verweilt, ging er anfangs des Jahres 1803 nach Weimar und begab sich von hier nach Osmannstädt zu Wieland, dessen Sohn, wie wir wissen, er in der Schweiz kennen gelernt hatte, und der ihn mit herzlicher, wahrhaft väterlicher Teilnahme bei sich aufnahm. Dem mehr als zweimonatlichen Aufenthalte Kleists in Osmannstädt verdanken wir einen wichtigen Brief von Wieland, der zwar erst ein Jahr später in Weimar geschrieben ist, aber über den seltsamen seelischen Zustände des jungen Dichters interessante Ausschlüsse gibt. Wieland schrieb über ihn u. a: »Er schien mich wie ein Sohn zu lieben und zu ehren, aber zu einem offenen und vertraulichen Benehmen war er nicht zu bringen. Unter mehreren Sonderlichkeiten, die an ihm auffallen mußten, war eine seltsame Art der Zerstreuung, wenn man mit ihm sprach, so daß z. B. ein einziges Wort eine ganze Reihe von Ideen in seinem Gehirn wie ein Glockenspiel anzuziehen schien, und verursachte, daß er nichts weiter von dem, was man ihm sagte, hörte und also auch mit der Antwort zurückblieb. Eine andere Eigenheit und eine noch fatalere, weil sie zuweilen an Verrücktheit zu grenzen schien, war diese, daß er bei Tische sehr häufig etwas zwischen den Zähnen mit sich selbst murmelte, und dabei das Air eines Menschen hatte, der sich allein glaubt, oder mit seinen Gedanken an einem andern Orte und mit ganz anderm Gegenstande beschäftigt ist. Er mußte mir endlich gestehen, daß er in solchen Augenblicken von Abwesenheit an einem Trauerspiel arbeite, aber ein so hohes und vollkommenes Ideal davon seinem Geiste vorschweben habe, daß es ihm noch immer unmöglich gewesen sei, es zu Papier zu bringen. Er habe zwar schon viele Szenen nach und nach aufgeschrieben, vernichte sie aber immer wieder, weil er sich selbst nichts zu Dank machen könne.« Dies Trauerspiel war der schon erwähnte, ihn unaufhörlich quälende »Robert Guiskard.« Wieland hatte, wie er weiter berichtet, ihn endlich dazu bewogen, ihm einzelne Szenen aus dieser Dichtung vorzutragen (wie Wieland bemerkt »aus dem Gedächtnis«). Wieland urteilte darüber in einer ganz begeisterten Weise und versicherte: Wenn das Ganze jenen einzelnen Szenen entspräche, so wäre Kleist dazu geboren, »die große Lücke in unserer dramatischen Literatur auszufüllen, die, nach meiner Meinung wenigstens, selbst von Schiller und Goethe noch nicht ausgefüllt worden ist.« – Das war nun sicher auch Kleists eigener Wunsch, aber die Vorstellungen, die er von seinen Gebilden im Kopfe trug, waren so mächtig, daß sie ihn erdrückten, sobald er sie zu Papier bringen wollte, und das Ausgeführte blieb dann hinter den Vorstellungen seiner erregten Phantasie zurück. Wenn Wieland bei der »Lücke in unserer dramatischen Literatur«, welche Kleist auszufüllen bestimmt gewesen, an einen deutschen Shakespeare dachte, so können wir allerdings zugeben, daß in einzelnen Gestalten und ganzen Szenen oder Akten Kleist in seinen Dramen das Höchste schuf, was wir im deutschen Drama besitzen. Wäre dem unglücklichen Dichter dabei auch Gesundheit des Geistes und das für vollendete ganze Schöpfungen nötige Gefühl für künstlerisches Maß verliehen gewesen, so hätte die großartige Erwartung Wielands in der Tat sich erfüllen können.

Nachdem Kleist das Wielandsche Haus verlassen hatte, hielt er sich wieder kurze Zeit in Leipzig und Dresden auf. Hier hatte er seinen ihm später so vertraut gewordenen Freund *Pfuel* kennen gelernt, und machte mit diesem ausgezeichneten Manne gemeinschaftlich eine nochmalige Reise nach der Schweiz. Auch dieser Entschluß war ihm ganz plötzlich gekommen, denn noch wenige Tage vorher hatte er die Absicht gehabt, zu seinen Schwestern aufs Land zu ziehen. Auch die neue Schweizer Reise wurde zum großen Teil zu Fuß gemacht. In Thun arbeitete Kleist wieder an seinem unglücklichen Robert Guiskard, dann kamen die Freunde nach Mailand und reisten von hier durch das Waadtland über Genf nach Lyon und nach Paris. Ob die zweite Reise nach Paris auf besonderen Wunsch Pfuels ausgeführt wurde, weiß man nicht, aber des Dichters krankhafte Gemütsstimmung soll schon auf dem Wege dorthin noch stärker und bedenklicher als bisher hervorgetreten sein, und bis Paris sich dermaßen gesteigert haben, daß sich dort die Freunde entzweiten. Nach einem Streit, wie es scheint über eine metaphysische Frage, war Kleist in unsinniger Erregtheit hinweggerannt; und als er nach langem Ausbleiben wieder nach Hause kam, war Pfuel unterdessen ausgezogen und hatte dies in einem hinterlassenen Billett dem Freund mitgeteilt. Hierdurch scheint Kleist wieder in eine Stimmung wahrer Verzweiflung an allem verfallen zu sein, und in dieser Stimmung hatte er alle seine noch unvollendeten dichterischen Produktionen, darunter auch das Vorhandene vom Robert Guiskard, verbrannt.

Aus dieser Zeit erzählte Ed. von Bülow in seiner erwähnten kurzen Lebensgeschichte des Dichters, derselbe habe Paris ohne Paß verlassen und sich zu Fuße auf den Weg nach *Boulogne sur mer* begeben. Dort sei er einem Haufen Konskribierter begegnet und habe sich vergebene Mühe gegeben, für einen derselben als gemeiner Soldat einzutreten. An der Richtigkeit dieser Mitteilung dürfte wohl zu zweifeln sein, wenn man *nicht* annehmen will, daß der Unglückliche geistig gestört war. Zu seinem Glück traf er noch kurz vor Boulogne mit einem ihm bekannten Chirurgen-Major zusammen, auf dessen verwunderte Frage, was er da zu tun habe, er ihm erzählte, daß er ohne Paß herumlaufe. Mit Schrecken machte der Franzose ihn darauf aufmerksam, welcher Gefahr er sich aussetze, da noch unlängst in Boulogne unter ähnlichen Verhältnissen ein preußischer Edelmann als vermeinter russischer Spion erschossen worden sei. Kleist ließ sich von dem Franzosen als dessen Bedienten mit nach der Stadt nehmen, und dort angelangt, bat er den Gesandten Luchesini um einen Paß, den er nach vier Tagen erhielt und welcher direkt nach Potsdam ausgestellt war. Der Paß nötigte ihn also, für jetzt nach Deutschland zurückzukehren. Aber auf dem Heimwege wurde er in Mainz aufs neue von Krankheit befallen, welche diesmal sein Leben in Gefahr brachte, und von der er erst nach sechs Monaten wiederhergestellt wurde.

Endlich konnte der Wiedergenesene, über dessen Verbleiben alle seine Freunde im unklaren waren, seine Reise bis Potsdam fortsetzen und erschien dort eines Abends unvermutet an dem Bette Pfuels, der Paris voll schwerer Sorgen um ihn längst verlassen hatte.

Jene schwere Krankheit war bei Kleist insofern eine Krisis für sein Seelenleben geworden, als er sich danach als ein von seinen hochfliegenden Plänen Herabgestürzter fühlte; ein zweiter Ikarus lag der Arme mit gelähmten Schwingen am Boden. Sobald seine Anwesenheit in der Heimat bekannt wurde, eilte seine treue Schwester Ulrike herbei, um tröstend und sorgend ihm beizustehen, denn durch seine Briefe, die oft genug von seinen furchtbaren Seelenleiden Zeugnis gaben, war sie in gerechter Besorgnis um ihn, und da sie über seine verzweiflungsvollen dichterischen Bestrebungen stets unterrichtet war, so suchte sie jetzt bei ihm dahin zu wirken, daß er zunächst von seinen poetischen Arbeiten lassen möge; denn sie fühlte, und mit Recht, daß diese es waren, welche ihn körperlich und geistig zu zerstören drohten.

Es ist überaus schmerzlich, zu sehen, wie der Arme, gebrochenen Mutes, sich jetzt willfährig zeigte, nach den Wünschen seiner Schwester zu handeln, und zunächst sich wieder um ein Amt, um eine Anstellung im Staate zu bemühen. Die Sache hatte aber ihre Schwierigkeiten, da man erstens einem Manne, der als »Dichter« schon einigermaßen bekannt geworden war, wenig Vertrauen für den Staatsdienst schenken mochte, noch mehr aber dadurch, daß Kleist den Militärdienst aufgegeben hatte, und zwar ohne einen anderen bestimmten Beruf dafür zu erwählen. Bei der Audienz, die er wegen seines Wunsches einer Anstellung beim Generaladjutanten von Köckeritz in Charlottenburg erhielt, hatte dieser ihm sowohl anzuhören gegeben, daß er »Versche« gemacht habe, wie er ihm auch sein Verlassen der militärischen Karriere und gleichfalls auch des Zivildienstes in ziemlich schroffer Weise vorhielt. Der arme Kleist stand wie ein armer Sünder da, er schrieb Ulriken, daß ihm dabei die Tränen in die Augen getreten seien, aber um ihretwillen zwang er sich zu weiteren Schritten: »Ich weiß, daß Du mir gut bist, und daß Du mein Glück willst, Du *weißt* nur nicht, was mein Glück wäre.« Der alte Köckeritz hatte trotz seiner anfänglichen Rauheit Teilnahme für den Unglücklichen empfunden; wer überhaupt ihn persönlich kannte, der gewann ihn wegen seines zwar träumerischen, aber so höchst gutherzigen Wesens auch lieb. Endlich, nach mancherlei ferneren Bemühungen wurde sein oder richtiger seiner liebevollen Schwester Wunsch erfüllt: er erhielt eine Anstellung im Staatsdienst, und zwar als Diätar bei der Domänenkammer in Königsberg in Preußen, in der Vaterstadt des großen Kant, dessen Philosophie so sehr im Geiste des jungen Kleist revoltiert hatte. Kant war vor kaum einem Jahre gestorben, aber Kleist traf in Königsberg, wo er anfangs des Jahres 1805 eintraf, durch seltsame Fügung mit zwei ihm nahegestandenen Personen wieder zusammen, von denen die eine Begegnung – es war die seines Freundes Pfuel – ihn sehr erfreute, während die andere ihm nur peinlich sein konnte. Als er nach Königsberg durch seinen Heimatsort Frankfurt kam, hatte er eine Begegnung mit seiner ehemaligen Braut Wilhelmine begreiflicherweise vermieden. Dieselbe hatte sich verlobt und war bald darauf mit ihrem Gatten, dem Professor W. Krug, und ihrer Schwester, gleichfalls nach Königsberg übergesiedelt. Noch vor dieser Begegnung, welche erst in die letzte Zeit seines Königsberger Aufenthaltes fiel, hatte Kleist trotz seines Amtes sich doch wieder nach längerer Pause der Poesie in die Arme geworfen. Auf den Stoff zu seiner Erzählung » *Michael Kohlhaas*« hatte ihn Pfuel hingeleitet, welcher dabei jedoch ein Drama im Auge hatte. Die Erzählung von Kleist ist eines seiner am meisten bewunderten Meisterwerke geworden und aus der wahrhaft klassischen Ruhe und Einfachheit seines Vortrags muß man den Eindruck erhalten, daß er in dieser Zeit eine größere Ruhe des Gemütes wiedergefunden hatte. Daß er bei seiner Erzählung von den geschichtlichen Vorgängen mehrfach abgewichen ist, tut dem bedeutenden Eindruck keinen Abbruch. Bedenklicher sind die Einmischungen seiner hyperromantischen Schrullen und namentlich die Zeichnung des edeln Kurfürsten von Sachsen als eines phantastischen, ja an der Grenze der Narrheit stehenden Schwärmers. Aber bei alledem ist es bewundernswürdig, wie Kleist die seine Hauptgestalt betreffenden Vorgänge mit der strengen Objektivität eines Geschichtsschreibers zu erzählen wußte, deren Eindruck gerade dadurch ein um so tieferer wird, da der Dichter dabei von eigener Sentimentalität sich gänzlich frei zu halten wußte. Noch eine andere Erzählung schrieb er in Königsberg, und zwar die neben Kohlhaas bedeutendste » *Die Marquise von O.*« Die Kühnheit, mit welcher er einen so subtilen Stoff ergriff, läßt uns hier den ganzen Kleist erkennen. Aber mehr Bewunderung als diese Kühnheit verdient die unvergleichliche Zartheit der Empfindung, mit der er die mehr als heiklen Situationen zu behandeln verstand, so daß wir das Anstößige bald nicht mehr fühlen und mit gesteigerter Spannung und Bewunderung jedem Schritt des seinen Psychologen folgen, dessen Kunstwerk uns um so mächtiger fesselt, je weniger er es als solches vor uns zu enthüllen scheint. Nächst diesen seinen beiden bedeutendsten Erzählungen verdanken wir dem Königsberger Aufenthalte des Dichters auch noch mehrere dramatische Arbeiten: nächst der Vollendung des »Zerbrochenen Krug« sind es das nach Molière bearbeitete Lustspiel »Amphitryon«, und das wildeste, aber von großartiger Genialität zeugende Trauerspiel »»Penthesilea«.

Was zunächst den » *Zerbrochenen Krug* « betrifft, so wissen wir, daß er dies merkwürdige dramatische Charakterbild, welches in der Gattung der Lustspiele oder Komödien völlig einzig in seiner Art dasteht, mehrere Jahre mit sich herumgetragen hatte, ehe es zur Vollendung kam. In der Schweiz 1802 hatte er, wie wir wissen, durch Zschokke die Anregung dazu erhalten. Als er nach seiner ersten Krankheit wieder in Dresden (1803) sich aufhielt, hatte er einige im Kopfe ausgearbeitete Szenen des Lustspiels seinem Freunde Pfuel in die Feder diktiert, weil dieser Zweifel an Kleists Talent fürs Lustspiel geäußert hatte; und wieder erst nahezu drei Jahre später hatte er es vollendet. Diese Art, zu arbeiten, konnte nur bei einem Stücke von dieser ganz eigenartigen Form ein Gelingen denkbar machen. Ein Lustspiel im gebräuchlichen Sinne ist es denn auch ganz und gar nicht geworden; es ist ein humoristisches Charakterbild, das in nur einer einzigen Szene entwickelt wird, welche Szene aber von der gewöhnlichen Länge eines dreiaktigen Stückes ist. Eine vor unsern Augen fortschreitende Handlung hat das Lustspiel gar nicht; denn, was geschehen ist, liegt schon in der Vergangenheit. Aber um so erstaunlicher ist die Kunst des Dichters, wie er das Geschehene ganz allmählich zur Klarheit bringt, und dabei die Charaktere der Personen aus der Art, wie der Prozeß geführt wird und endlich verläuft, vollkommen lebenswahr entwickelt. Was die Hauptfigur, den Dorfrichter Adam, betrifft, so kann man sagen, daß der Dichter diesen Schurken, der bei aller seiner Nichtswürdigkeit so ergötzlich wirkt, bei lebendigem Leibe seziert hat. Wie alle dramatischen Werke Kleists, so hatte auch dies Lustspiel sein besonderes Schicksal. Goethe, dem es durch die Freunde Kleists dringend empfohlen war, ließ es ein paar Jahre später in Weimar aufführen. Weil ihm aber das Stück für einen Akt viel zu lang erschien, so ließ er sich den unerhörten Mißgriff zu schulden kommen, es in drei Akte zu teilen, wodurch natürlich erst der Mangel einer eigentlichen Handlung aufs allerempfindlichste hervortrat. In solcher grausamen Verstümmelung fiel denn auch das Stück vollständig durch, und in den schöngeistigen Weimarischen Kreisen war alles empört über dies greuliche und unerträglich langweilige Machwerk.

Durchaus originell war Kleist auch da, wo er nach einem Vorbild arbeitete, wie dies in dem andern seiner beiden Lustspiele, in » *Amphitryon* «, der Fall war. Hier hatte er den Geist Molières in sich aufgenommen, aber dabei den Stoff, der ja ohnedies nicht Molières Erfindung war, durch seine eigene dichterische Auffassung bedeutend vertieft. Wie Kleists »Amphitryon« in seinem innersten Wesen sich zu der Molièreschen Komödie verhält, dies hat einer der geistvollsten kritischen Köpfe jener Zeit, Fr. von Gentz, in so bestimmter Weise ausgedrückt, daß seine ausgesprochene Meinung hier Platz finden mag. Er hatte das Lustspiel von dem für Kleists Genie schwärmerisch eingenommenen Adam Müller zugeschickt erhalten, und antwortete demselben, daß ihm das Lustspiel die einzigen rein angenehmen Stunden verschafft habe, die er seit mehreren Jahren irgend einem Produkte der deutschen Literatur verdankte: »Mit uneingeschränkter Befriedigung, mit unbedingter Bewunderung habe ich es gelesen, wieder gelesen, mit Molière verglichen, und dann aufs neue in seiner ganzen herrlichen Originalität genossen. Selbst da, wo die Stück *nur* Nachbildung ist, steigt es zu einer Vollkommenheit, die, nach meinem Gefühl, weder Bürger noch Schiller noch Goethe noch Schlegel in ihren Uebersetzungen französischer und englischer Theaterwerke jemals erreichten. Denn zugleich *so Molière* und *so* deutsch zu sein, ist wirklich etwas Wundervolles. Was soll ich aber nun von den Teilen des Gedichtes sagen, wo Kleist hoch über Molière thront! ...In Molière ist das Stück bei allen seinen einzelnen Schönheiten und dem großen Interesse der Fabel am Ende doch nichts als eine Posse. Hier aber verklärt er sich in ein wirkliches Shakespearesches Lustspiel und wird komisch und erhaben zugleich. Es war gewiß keine gemeine Aufgabe, den Gott der Götter in einer so mißlichen und zweideutigen Lage, wie er hier erscheint, immer noch groß und majestätisch zu halten; nur ein außerordentliches Genie konnte diese Aufgabe mit solchem Erfolg lösen.«

Es muß hier ausdrücklich daran erinnert werden, daß, ebenso wie die in Weimar mißglückte Aufführung des »zerbrochenen Krug« auch die enthusiastischen literarischen Urteile über Kleists Genie erst in späterer Zeit, nach seinem Königsberger Aufenthalt, fallen, aber die Urteile waren auch damals sehr verschieden, so wie es die sich entgegenstehenden literarischen Richtungen waren. Nicht nur Goethe verwarf Kleists Auffassung des Amphitryon, sondern auch Tieck, der eifrige Anwalt des Kleistschen Talents, betrachtete das Stück als einen Mißgriff und stellte Molières Lustspiel entschieden höher. Es lag in der Art der Kleistschen entschiedenen Originalität, daß er gleichzeitig bei den einen maßlose Bewunderung und bei den andern entschiedene Mißbilligung, ja Entrüstung hervorrief.

Während seiner Königsberger Zeit hatte er weder das eine noch das andere erfahren; hier – und gerade hier, wo er im Amte war! – hatte er sich zum ruhigen poetischen Schaffen sammeln können, und nicht nur seine Lust am Produzieren, sondern auch seine Kraft dazu war hier in ganz bedeutender und fruchtbringender Weise gewachsen. Auch das anfangs ihn in große Verlegenheit setzende Zusammentreffen mit seiner ehemaligen und jetzt verheirateten Braut hatte sehr bald zu einem freundlichen Verkehr geführt. Wilhelminens Mann, welcher an die Universität als Professor der Logik und Metaphysik berufen war, hatte ihn freundlichst eingeladen, sie zu besuchen, und er verkehrte infolgedessen in dem Hause ganz freundschaftlich und hatte ein besonderes Vergnügen daran, dort seine in Königsberg geschriebenen neuen Erzählungen vorzulesen. Seine amtliche Tätigkeit war ihm hingegen bald recht lästig geworden, und er vermochte es nicht, zu seinem Vorgesetzten sich in ein freundliches Verhältnis zu bringen. Als 1806 das Unglück über Preußen hereingebrochen war, wurde er aufs tiefste davon ergriffen, und sein Haß gegen die fremden Bedrücker des Landes entwickelte sich zu einer ihn ganz beherrschenden Leidenschaft. Ueber seine Stimmung berichtet Bülow, wohl auf Grund der ihm von Wilhelmine gemachten Mitteilungen: Kleist sei öfters ganz außer sich gewesen und habe alle Schrecken, die noch kommen sollten, mit Gewißheit vorausgesehen. Auch seine Gesundheit sei wieder sehr angegriffen gewesen und er habe oft ganze Tage lang sich vor keinem Menschen sehen lassen. Trotzdem kann man im allgemeinen seine Stimmung als eine durchaus normale bezeichnen, und aus einem sehr denkwürdigen Brief an seinen Freund von Rühle geht hervor, um wie vieles ruhiger er auch jetzt über seinen dichterischen Beruf dachte. Nach einigen bitteren Betrachtungen über die Eitelkeit alles Strebens auf dieser Erde fährt er fort: »Nun wieder zurück zum Leben! So lange das dauert, werde ich jetzt Trauerspiele und Lustspiele machen. Ich habe eben wieder gestern eins fortgeschickt, wovon Du die erste Szene schon in Dresden gesehn hast. Es ist der »Zerbrochene Krug«. Sage mir dreist, als mein Freund, Deine Meinung und fürchte nichts von meiner Eitelkeit. Meine Vorstellung von meiner Fähigkeit ist nur noch der Schatten von jener ehemaligen in Dresden. Die Wahrheit ist, daß ich das, was ich mir vorstelle, schön finde, nicht das, was ich leiste. Wäre ich zu etwas anderm brauchbar, so würde ich es von Herzen gern ergreifen. Ich dichte bloß, weil ich es nicht lassen kann.« Und aus demselben Briefe erfahren wir denn auch, daß er seine Karriere wieder aufgegeben hat. Etwas dunkel schreibt er darüber: »Altenstein, der nicht weiß, wie das zusammenhängt, hat mir zwar Urlaub angeboten, und ich habe ihn angenommen; jedoch bloß, um mich sanfter aus der Affäre zu ziehen.« In der Tat hatte er jetzt die Idee, ganz von seinen dramatischen Arbeiten zu leben. Er meinte, in drei bis vier Monaten könne er immer ein Stück schreiben, und wenn er nur 40 Friedrichsdor dafür erhielte, so könne er davon leben. In dieser Hoffnung sollte der arme Kleist bald recht bitter enttäuscht werden; aber vorläufig war er, wie man sieht, leidlich guten Mutes, und das Gefühl der Freiheit, nachdem er aus dem Amte wieder geschieden war, bereitete ihm angenehme Träume.

In dieser Stimmung wurde er durch die wachsenden Erfolge der Franzosen noch stärker zu männlichem Bewußtsein aufgerüttelt. Für einen andern als Kleist hätte diese Zeit zu einer dauernd wohltätigen Krisis führen müssen. Die allgemeine Not hatte ihn aufgerüttelt aus den Träumereien, in die er um sein eigenes Ich sich versenkt hatte und die ihn quälten. Jetzt konnte er diese Selbstpeinigungen vergessen um der allgemeinen großen Sache willen, die er mit seinem warmen Herzen aufs tiefste empfand. Wie klar, wie scharfblickend er die politische Lage beurteilte, erkennen wir aus einem Briefe, den er schon Ende 1805 an Rühle geschrieben hatte. Entrüstet über die Untätigkeit Preußens gegenüber der unaufhaltsam andringenden Gefahr, schrieb er ihm: »So wie die Dinge stehen, kann man kaum auf viel mehr, als auf einen schönen Untergang rechnen,« – ein Gedanke, den er später in seiner »Hermannsschlacht« gleichfalls dichterisch aussprach, und nachdem er über die preußische Zauderpolitik und selbst über die Person des Königs in den schärfsten Worten sich ausgesprochen, fährt er fort: »Wenn der König alle seine goldenen und silbernen Geschirre prägen lassen, seine Kammerherren und Pferde abgeschafft hätte, seine ganze Familie ihm darin gefolgt wäre, und er, nach diesem Beispiel, gefragt hätte, was die Nation zu tun willens sei! Ich weiß nicht, wie gut oder schlecht es ihm jetzt von seinen silbernen Tellern schmecken mag; aber dem Kaiser in Olmütz, bin ich gewiß, schmeckt es schlecht. Was ist dabei zu tun? Die Zeit scheint eine neue Ordnung der Dinge herbeiführen zu wollen, und wir werden davon nichts als den Untergang des Alten erleben« ... usw.

Um diese Zeit, im Dezember 1805, war es, da Kleist, durch Vermittelung einer hochgestellten Verwandten, von der Königin Luise eine jährliche Unterstützung von 60 Louisdor zugesichert erhielt, die natürlich seinen Mut zum Leben, aber auch seine Lust zum Dichten wieder bedeutend hob. Mit diesem Jahrgehalt konnte er, da er dabei noch auf die aus seinen Dichtungen ihm erwachsenden Einnahmen rechnete, seine ihn drückende amtliche Stellung aufgeben, ohne Gefahr, in Not zu geraten. Und dieser Schritt geschah denn im Frühjahr 1806, noch ehe der Krieg Preußens mit Frankreich begann. Wohl mußte er sich sagen, daß er durch das Aufgeben seines Amtes seiner geliebten Schwester wieder Kummer bereiten werde, aber seine dichterischen Arbeiten gingen jetzt viel glücklicher von statten, und er fühlte jetzt mit aller Zuversicht, daß nichts anderes, als der Beruf des Dichters ihn glücklich machen könne. Zu seinen erwähnten Erzählungen und den beiden Lustspielen kam nun auch wieder eine Tragödie aus seiner Feder, und gerade an dieser empfindet man die Leidenschaft, mit der er wieder der tragischen Muse in die Arme geeilt war. Diese Tragödie war die schon erwähnte »*Penthesilea,*« die er zum großen Teil noch in Königsberg schrieb. Wenn man bedenkt, daß er in dieser Zeit schon tief erregt war von der so unheilvollen politischen Situation, so ist es um so auffallender, daß in solcher Stimmung ein so weit abseits von den Stimmungen der Gegenwart liegender Stoff sich seiner mit solcher Heftigkeit bemächtigen konnte. Daß aber Kleist auch bei einem so entlegenen Stoff, wie der Kampf der griechischen Helden mit der Amazonenkönigin, sein ganz subjektives Empfinden so voll und ganz zum Ausdruck bringen konnte, das unterschied ihn sehr wesentlich von jenen Romantikern, die sich in eine unbekannte Welt voll unverständlicher Gefühle und Anschauungen hineinkünstelten. Aber gerade »Penthesilea«, so ausschweifend hier die dichterische Phantasie waltet, und so schroff und rücksichtslos er, der doch bei seinen dramatischen Dichtungen auf das wirkliche Theater hoffte, darin sowohl dem Inhalte wie der Form nach, die theatralischen Anforderungen mißachtete, läßt doch neben den tollsten Uebertreibungen eine echte und glühende Dichternatur erkennen, obgleich wir mehr, als irgendwo bei Kleist, beim Lesen der »Penthesilea« zwischen Unwillen und höchster Bewunderung hin und her geworfen werden. Wenn in bezug auf die theatralische Form, welche durch die Rücksicht auf eine Bühnen-Aufführung bedingt wird, Penthesilea gegen sein erstes Trauerspiel zurücksteht, so zeigt er dafür in dem neuern Werke hinsichtlich der dichterischen Vertiefung der Gestalten, wie auch in dem hinreißend poetischen Glanz der Darstellung einen bedeutenden Fortschritt. Abgesehen von den in allen seinen Dichtungen vorkommenden sprachlichen Inkorrektheiten oder Sonderbarkeiten finden wir aber auch hier schon seine unglückselige Neigung, in der Durchführung eines psychologischen Problems weit über die Notwendigkeit hinauszugehen, in erschreckender Weise zum Ausdruck gebracht.

Vollenden konnte er in Königsberg diese Dichtung noch nicht. Denn die unglücklichen Kriegsereignisse hatten ihm keine Ruhe mehr gelassen, an dem Orte länger zu verweilen. Schon nach der Schlacht bei Jena hatte ihn ernste Sorge um die Seinigen, und namentlich um seine Schwester erfüllt. Da er sie durch sein nochmaliges Aufgeben seiner amtlichen Stellung begreiflicherweise sehr betrübt und verstimmt hatte, so empfand er jetzt, in der allgemeinen großen Not des Landes, um so stärker den Drang, sie wieder an sein brüderliches Herz zu schließen. Die treffliche Schwester zögerte niemals, ihm wieder in herzlicher Liebe entgegenzukommen, und da sie ihm in diesem Sinne geschrieben hatte, so fühlte er sich sehr gehoben, frei und beinahe glücklich. Selbst die großen unglücklichen Ereignisse trugen zu dieser Stimmung bei, und er schrieb selbst darüber an seine Schwester sehr treffend: Es schiene ihm, als ob das allgemeine Unglück die Menschen erzöge, »ich finde sie wärmer und ihre Ansicht von der Welt großherziger.«

Bestimmte und klare Ziele hatte er sicher nicht vor Augen, als er im Januar 1807 Königsberg verließ, und zwar in Gesellschaft von Pfuel und zwei andern Offizieren. Aber das launische Schicksal wies ihm plötzlich einen Weg an, der ihm am allerwenigsten in den Sinn gekommen wäre: den Weg nach Frankreich, als Gefangener. Als er mit den andern bis Berlin gekommen war, und nachdem Pfuel, der sich nach dem Landsitze Fouqués begeben wollte, sich von ihnen getrennt hatte, wurden Kleist und die beiden Offiziere beim Betreten der preußischen Hauptstadt angehalten und verhaftet, um nach Kriegsrecht behandelt zu werden. Da Kleist zu seiner Legitimation nur seinen Abschied als Leutnant vorzeigen konnte, so sollte er für einen Spion gelten oder überhaupt für einen gefährlichen Menschen, und es wurde gegen ihn und gegen die beiden aktiven Offiziere gemeinsam verfahren. Nachdem sie die erste Zeit in einem elenden unterirdischen Gefängnis zugebracht hatten, wurden sie, trotz aller Versicherungen ihrer Schuldlosigkeit und ihrer Berufungen auf andere namhafte Persönlichkeiten, auf den Schub gebracht, um nach Frankreich transportiert zu werden. Sie sollten darin später noch eine ganz besondere Rücksicht erkennen, indem sie nicht sogleich erschossen worden sind. Ihr Transport ging über Mainz nach Straßburg und Besançon, und auf der Straße zwischen Neufschatel und Paris wurden sie nach dem Schlosse Joux bei Pontarlier gebracht, wo sie am 5. März als Kriegsgefangene eintrafen. Hier wurden sie anfangs überaus streng und hart behandelt, indem sie jede nur denkbar geringste Bequemlichkeit entbehren mußten. Bald aber hatte der Kommandant, auf den sie wohl in der Tat einen unverdächtigen Eindruck machten, beim Gouverneur von Besançon ausgewirkt, daß sie wenigstens in anständigere Räume gebracht wurden. »Jetzt konnten wir«, schrieb Kleist an seine Schwester, »auf unser Ehrenwort auf den Wällen spazieren gehen; das Wetter war schön, die Umgegend umher romantisch, und da meine Freunde mir für den Augenblick aus der Not halfen, und mein Zimmer mir auch Bequemlichkeiten genug zum Arbeiten bot, so war ich auch schon wieder vergnügt und über meine Lage ziemlich getröstet. Inzwischen hatten die Gefangenen bereits nach ihrer Ankunft sich in einer Beschwerdeschrift an den französischen Kriegsminister gewendet, und nach einiger Zeit kam der Befehl, daß sie aus dem Fort entlassen und nach Chalon an der Marne gebracht werden sollten. Auf welchen Verdacht hin eigentlich der Transport nach Frankreich geschehn war, ist unklar geblieben, und es hat sich später nur herausgestellt, daß dabei wirklich ein Mißverständnis gewaltet hatte.

Kleists Schwester Ulrike hatte, sobald sie von dem Unglück und von der großen Gefahr ihres Bruders gehört hatte, alle nur möglichen Schritte getan, um unter Beteuerung seiner Unschuld seine Befreiung zu bewirken. In Gemeinschaft mit der schon erwähnten hochstehenden Verwandten, einer Frau von Kleist, begab sie sich zum Gouverneur von Berlin, und mit der Kraft ihrer Ueberzeugung und ihrer schwesterlichen Liebe hatte sie demselben begreiflich Zu machen gesucht, welches Unrecht ihrem Bruder geschehen sei. Der Gouverneur muß denn auch überzeugt gewesen sein, obwohl er meinte, Kleist habe durch seine Reise von Königsberg nach Berlin sich selber der Gefahr ausgesetzt, als Spion betrachtet zu werden. Doch wurde Ulriken der Trost, daß der Gouverneur bereits an den Kriegsminister geschrieben und ihn ersucht habe, dem Gefangenen die freie Heimkehr zu gestatten.

Kleist hatte davon bereits durch seine Schwester erfahren, aber um so ungeduldiger machte ihn das lange Zögern, und an eine günstige Veränderung seiner Lage war für lange noch nicht zu denken, denn die Verhandlungen darüber zwischen Berlin und Chalons schienen noch einige Zeit hin und her zu gehen, während Ulrike in Berlin unermüdlich war, auf eine Beschleunigung seiner Befreiung hinzuwirken. Mehr als fünf Monate waren seit seiner Gefangenschaft vergangen, als endlich, um die Mitte Juli, die Stunde der Befreiung schlug, und er, mit der ihm zukommenden Reiseentschädigung versehen, den Rückweg nach Berlin antrat. Hier angelangt, reiste er nach kurzem Aufenthalt nach der Lausitz, um seine Schwester zu umarmen, die sich dort bei Verwandten aufhielt.

Kleist gehörte zu jenen Menschen, denen nicht Muße und Einsamkeit gelassen werden durfte, um sich in sich selbst versenken zu können; er mußte vielmehr zuweilen den Drang des alltäglichen äußerlichen Lebens in seinen wechselnden Ereignissen und in jenem Kampfe kennen lernen, der auch den gewöhnlichsten Naturen nicht erspart wird. Solch ein Schicksal, wie er es jetzt erfahren, konnte daher nur günstig auf seinen Gemütszustand wirken, denn es stieß ihn in die rauhe Wirklichkeit und machte ihn zum Mitleidenden neben vielen andern. Sein Geist scheint auch hiernach für einige Zeit frei von der alten Schwermut und selbstpeinigenden Grübelei gewesen zu sein, und seine Erwartungen von seiner nächsten dichterischen Tätigkeit waren wieder gewachsen. Eine Sorge hatte ihn jetzt um seine Schwester erfüllt, welche ihm zu wiederholten Malen in freigebigster Weise aus ihren eigenen Geldmitteln geholfen hatte und auch in dieser letzten Zeit vieles für ihn opfern mußte. Schon in seiner Gefangenschaft hatte er darüber nachgedacht und hatte ihr aus Chalons über diese Angelegenheit geschrieben und ihr seine Ideen mitgeteilt. Er fühlte, daß sie schon genug und für ihre Kräfte schon zu viel für ihn getan hatte und empfand darüber Beschämung. Mit der Entfernung der königlichen Familie von der Hauptstadt mußte natürlich auch das von der Königin Luise ihm zugesicherte Jahreseinkommen aufhören. Aber durch seine Verwandte, Frau von Kleist, war ihm die Hoffnung gemacht, daß nach dem Friedensabschluß die Pension wieder ihren Fortgang nehmen und zu größerer Sicherheit für ihn in eine Präbende umgewandelt werden würde. Darauf baute er nun den Plan für seine Schwester. Er schreibt ihr mit Schmerz über ihre durch ihn verschuldete Lage und fährt dann fort: »Ich kann in keiner Lage glücklich sein, so lange ich es Dich nichts in der Deinigen weiß. Ohne mich würdest Du unabhängig sein, und so mußt Du es auch wieder durch mich werden. Wenn ich mit Aeußerungen dieser Art immer sparsam gewesen bin, so hatte das einen doppelten Grund: einmal, weil es mir zukam, zu glauben, daß Du solche Gefühle bei mir voraussetzest, und dann, weil ich dem Nebel nicht abhelfen konnte. Doch jetzt, dünkt mich, zeigt sich ein Mittel, ihm abzuhelfen, und wenn du nicht willst, daß ich mich schämen soll, unaufhörlich von Dir angenommen zu haben, so mußt Du auch jetzt etwas von mir annehmen. Ich will Dir die Pension und das, was in der Folge an ihre Stelle treten könnte, es sei nun eine Präbende oder etwas anderes, abtreten. Es muß mit dem Rest Deines Vermögens für ein Mädchen, wie Du bist, hinreichen, einen kleinen Haushalt zu bestreiten. Laß Dich damit, unabhängig von mir, nieder; wo? gleichviel; ich weiß doch, daß wir uns über den Ort vereinigen weiden. Ich will mich mit dem, was ich durch meine Kunst erwerbe, bei Dir in Kost geben. Ich kann Dir darüber keine Berechnung anstellen; ich versichere Dich aber, und Du wirst die Erfahrung machen, daß es mich, wenn nur erst der Frieden hergestellt ist, völlig ernährt.«

Man kann wohl nach allem Vorausgegangenen denken, daß solche Erwartungen Kleists mit Bezug auf seine Schwester sich nicht erfüllen konnten. Die Arme hatte mit ihm schon zu schmerzliche Erfahrungen gemacht, als daß sie hätte hoffen können, er werde in einem solchen Verhältnis, im Beisammenleben unter ihrer Fürsorge, lange ausdauern. Als er sie in der Lausitz bei ihren Verwandten glücklich wieder angetroffen hatte, konnte er sie wohl bewegen, mit ihm zusammen die Reise nach Dresden zu machen, – denn dorthin zog es ihn zunächst. Aber bei all ihrer zärtlichen Liebe zu ihm und bei ihrem aufopfernden Sinne konnte sie sich doch nicht bewegen lassen, auf seinen früher ihr schriftlich mitgeteilten und jetzt wiederholten Vorschlag einzugehen. So also trennten sie sich von neuem, und Kleist blieb in Dresden. Hier fand er sich vor allem wieder mit seinen beiden besten Freunden, Pfuel und Rühle, zusammen, und hier meinte er nun auch, den Boden gefunden zu haben, wo sein Geist sich wieder sammeln und zu fruchtbarer dichterischer Tätigkeit kommen werde.

Seitdem die Schweizer Freunde sein größeres Erstlingswerk »Die Familie Schroffenstein« anonym herausgegeben hatten s1803), war nach länger als vier Zähren Dresden die erste deutsche Stadt, in welcher eines seiner dramatischen Werke durch den Druck veröffentlicht worden. Es war dies »Amphitryon«, den er schon von Königsberg aus an Adam Müller nach Dresden geschickt hatte, wo das Lustspiel 1807 im Druck erschienen war. Seine nächste Tätigkeit in Dresden galt der Vollendung der in Königsberg nur zum Teil ausgeführten Dichtungen, namentlich der Erzählung »Kohlhaas« und der Tragödie »Penthesilea«, an der er auch in seiner Gefangenschaft gearbeitet hatte. Ehe auch diese Dichtung« vollständig im Druck erschienen war, hatte er ein bedeutendes Fragment davon in der seit Anfang des Jahres 1808 erscheinenden Monatsschrift »Phöbus« sein ersten Stück veröffentlicht. Er hatte zur Herausgabe dieser literarischen Zeitschrift sich mit dem Publizisten Adam Müller vereinigt, der darin für seine politische, philosophisch-religiöse und Kunstrichtung ein Organ schaffen wollte, und für die geniale Kraft des romantischen Dichters Kleist wahre Begeisterung hatte. Kleist hatte das Heft des »Phöbus« mit dem Penthesilea. Fragment an Goethe gesendet, erhielt aber von diesem eine wenig ermunternde Antwort. Er könne sich, schrieb Goethe, mit der Penthesilea noch nicht befreunden. »Sie ist aus einem so wunderbaren Geschlecht und bewegt sich in einer so fremden Region, daß ich mir Zeit nehmen muß, mich in beide zu finden.« Daß Goethes harmonische Natur von der Kleistschen Poesie sich geradezu abgestoßen fühlte, ist bekannt. Aber auch als Mann des praktischen Theaters gibt er in jenem Briefe Kleist seine Meinung kund: daß es ihn immer betrübe und bekümmere, wenn er junge Männer von Geist sehe, »die auf ein Theater warten, das da kommen soll.«

Während aber »Penthesilea« nun auch vollendet als Buch im Druck erschien, hatte der Dichter auch schon ein paar neue Erzählungen verfaßt: *»Das Erdbeben in Chili«* und *»Die Verlobung auf St. Domingo«*, von denen besonders die erstere seine außerordentliche Befähigung für schmucklosen und dabei höchst ergreifenden Vortrag bekundet, während in der andern Erzählung die kühne Erfindung und das Tragische des Vorganges in der Wirkung beeinträchtigt wird durch eine gewisse Flüchtigkeit im Vortrag und die in Folge dessen eintretende Unklarheit im Zusammenhang der Begebenheiten. Auch an seinen »Robert Guiskard« machte er sich jetzt aufs neue, um endlich das darin versuchte dramatische Ideal, das ihn schon so lange gequält, zu erreichen.

E. von Bülow erzählt uns aus dieser Zeit des Dresdener Aufenthaltes auch von einer neuen Herzensangelegenheit, die ihn beschäftigt haben soll. Es war in dem Körnerschen Hause, wo Kleist ein liebenswürdiges und dabei reiches Mädchen kennen lernte, mit welchem ihn eine gegenseitige Neigung verband. Einer Verbindung schien nichts im Wege zu stehen, aber durch eine Laune Kleists soll sich das Verhältnis wieder gelöst haben. Kleist verlangte von dem Mädchen, daß sie ohne Vorwissen Gottfried Körners, der entweder ihr Oheim oder ihr Vormund war, ihm schreiben solle. Da sie dies abschlug, wiederholte er nach drei Tagen, in denen er sie nicht besuchte, sein Verlangen; da sie aber auch jetzt noch bei ihrer Weigerung verharrte, sei er schließlich gänzlich ausgeblieben. Es möge dahingestellt bleiben, ob es richtig ist, was Bülow ferner erzählt, daß Kleist nach jenem Bruche sich des Stoffes zum »Käthchen von Heilbronn« vor allem deshalb bemächtigt habe, um darin seiner zurückhaltenden Geliebten ein Beispiel zu zeigen, mit welcher Hingebung und Treue ein Weib lieben müsse.

Kleist hatte hiernach wieder einen Anfall von Schwermut und soll im Lebensüberdruß einen Selbstmordversuch gemacht haben. Sein Freund Rühle, der ihn besuchte, habe ihn, so heißt es, auf dem Bette liegend gefunden und, infolge des Genusses von Opium, der Besinnung beraubt. Wir können an die Wahrheit dieses Berichtes umso eher glauben, als Kleists Lebensmut in dieser Zeit auch wieder durch den schlechten Fortgang der Zeitschrift »Phöbus« tief gesunken gewesen sein muß. Hatte er doch auf dieses Unternehmen so sehr gerechnet, daß er für die

Gründung desselben auch wieder seine Schwester zu interessieren versuchte, damit sie sich mit einer Summe Geldes daran beteilige. Der geringe Erfolg des »Phöbus«, der nur ein Jahr lang, Ende 1808, erschien, zerstörte auch diese Hoffnung wieder. Kurz, das Jahr, das so hoffnungsvoll begonnen hatte, brachte ihm Enttäuschungen genug, um auf seinen Gemütszustand wieder verderblich zu wirken. Schon frühzeitig, im März, war die üble Kunde aus Weimar gekommen von der total mißglückten Aufführung des »Zerbrochenen Krug«. Man denke! bei einem so gewaltig hochstrebenden Dichter wie Kleist nach langem Hoffen und Mühen die erste Aufführung eines seiner Stücke, und ein so schmähliches Fiasko! Die Ursachen davon sind schon früher angedeutet worden, und es ist zweifellos, daß Goethe die Hauptschuld trug. Aber in den weimarischen Kreisen wurde alle Mißbilligung und aller Hohn gegen den armen Kleist gerichtet, und die Exzentrizitäten in der schon durch den Druck bekannt gewordenen *»Penthesilea«* konnten gerade in Weimar, wo die Verletzungen der ästhetischen Gesetze am allerschlimmsten empfunden wurden, die schöngeistige Gesellschaft in dem Gesamturteil über Kleist nur bestärken. In Weimar war der unglückliche Dichter verurteilt, und daß er jetzt seinen Unmut gegen Goethe ausließ, kann nicht befremden, wenn man bedenkt, daß der widersinnigen Behandlung des »Zerbrochenen Krug« schon Goethes unzweideutige Verurteilung der »Penthesilea«, in seinem Schreiben an den Dichter, vorausgegangen war. Ob Kleist ihm wirklich, wie berichtet wurde, eine Herausforderung zugeschickt habe, mag dahingestellt bleiben, aber bei seiner Natur ist es wenigstens nicht unwahrscheinlich. Daß er ganz außerordentlich erbittert war, geht schon daraus hervor, daß er sich hinreißen ließ, jetzt im »Phöbus« Epigramme zu veröffentlichen, von denen einige gegen Goethe direkt gerichtet waren, andere scheinbar Kleists eigene Dichtungen parodierten, um damit das Urteil der Weimarer lächerlich zu machen. Wie maßlos bei Kleist die Ausbrüche seiner gereizten Dichtereitelkeit waren, hatte er auch noch später in einem Briefe an Iffland gezeigt, als dieser sich nicht dazu verstehen wollte, das »Käthchen von Heilbronn« in Berlin aufzuführen. Ueber seine damalige Stimmung in Dresden erzählte Frau von Rühle: Sie sei einmal mit Kleist auf der Brühlschen Terrasse schweigend auf und nieder gegangen, als Kleist plötzlich in die Worte ausbrach: »Ja, ja, es ist nicht anders, Müller muß sterben, ich muß ihn ins Wasser werfen, wenn er mir nicht freiwillig seine Frau abtritt!« – Die Freundin, die gar keine Ahnung von einer Leidenschaft Kleists zu der Frau Adam Müllers hatte, fuhr erschrocken auf und befragte ihn, was er meine, worauf Kleist die Worte in allem Ernst wiederholte und sich auch durch keine Einwendungen davon abbringen ließ. – Die Leidenschaft mag gar nicht vorhanden gewesen sein, aber er hatte das Ungeheuer in seinem Gehirn ausgebrütet und gefiel sich momentan darin.

Trotz seiner bedenklichen Gemütsverfassung, in die er wieder durch mehrfaches Mißgeschick geraten war, zeigte er gerade in diesem Jahre – 1808 – eine außerordentliche dichterische Schaffenskraft. Im Phöbus erschien außer dem Fragment seines wieder neu aufgenommenen »Robert Guiskard« noch die merkwürdige Erzählung »Die Marquise von O.«, ferner sein vollendeter »Michael Kohlhaas« und endlich auch ein Fragment seiner neuesten dramatischen Schöpfung, des *»Käthchen von Heilbronn«*, jenes Schauspiels, welchem es allein beschieden war, ihn als Dichter populär zu machen, wenn freilich auch dies erst später, nach seinem Tode, durch eine rücksichtslose Bühnenbearbeitung geschah. Und noch ehe er dies Schauspiel in Dresden vollendet hatte, begann er ein anderes Drama, welches – obwohl er einen fernliegenden Stoff dafür gewählt hatte, doch ganz und gar in der Gegenwart wurzelte, und ein Erzeugnis seines patriotischen Herzens wie nicht minder seines politischen Verstandes war und ungewöhnlich schnell vollendet wurde. Das war »Die Hermannsschlacht«.

Ehe wir auf dieses außerordentliche Werk näher eingehen, soll hier noch einiges über sein im stärksten Sinne *romantisches* Schauspiel gesagt sein. Wir wissen, daß Kleist in seinen Beziehungen zum weiblichen Geschlecht niemals ein reines Glück empfand. Seine Beziehungen zu seiner ehemaligen Braut sind für diese Seite seines Wesens lehrreich. Trotz seiner im allgemeinen durchaus liebevollen Natur hatte er selbst ihre Liebe wiederholt auf die härteste Probe gestellt. Wenn schon für eine wirkliche tiefe Leidenschaft in allen seinen Briefen viel zu sehr der pädagogische Zug hervortritt, indem er immerfort nur bestrebt war, für ihre weitere »Bildung« etwas zu tun, so ließ auch die Auflösung des Verhältnisses erkennen, wie kühl er darüber empfand und daß ihn eine wirkliche tiefe Leidenschaft dabei niemals erfüllt hatte. Aber auch zu der ruhigeren Auffassung eines auf gegenseitiger Neigung und auf gleichberechtigtem Vertrauen beruhenden Verhältnisses konnte er sich nicht verstehen, weil er stets das Weib als den minder berechtigten Teil des Bündnisses betrachtete und er seiner Braut gegenüber die Stelle eines Despoten spielte, der zwar geliebt sein wollte, aber auch unbedingte Unterwerfung forderte. Aehnliche herrische Launen scheinen auch das zweite und schneller vorübergehende Verhältnis in Dresden gestört zu haben. Daß es dieser Bruch gewesen sei, der ihn zu einem Selbstmordversuch führte, ist bei seinem Verhalten und nach seiner ganzen Natur durchaus unglaubwürdig und die andern ihn viel schmerzlicher treffenden Enttäuschungen haben wohl allein den Anlaß dazu gegeben. Als er aber jetzt das »Käthchen von Heilbronn« schrieb, hatte er offenbar die Liebe des Weibes zum Manne so schildern wollen, wie er sie sich dachte und beanspruchte, als eine blinde Unterwerfung und unbedingte sklavische Ergebenheit, die an Anbetung grenzte. Daß er auch hier, in dem was er schildern wollte, in krasse Übertreibung geriet und viel weiter ging, als es zur Durchführung seines Gedankens nötig war, lag überhaupt in seiner Natur, denn diese Maßlosigkeit in der Ausführung erkennen wir in jeder seiner dramatischen Dichtungen. Wie er aber schon in der Raserei der Liebesleidenschaft seiner übermenschlichen Penthesilea dennoch den zarteren Liebesszenen eine wahrhaft entzückende Poesie zu verleihen wußte, so hatte er auch sein Käthchen trotz ihrer hündischen Anhänglichkeit mit einem so zarten Reize der Weiblichkeit und rührender Unschuld und mit einer solchen Fülle echtester Poesie ausgestattet, daß wir sie trotz aller uns verstimmenden Momente gerne so hinnehmen wie sie ist. Indem er die Gewalt der Liebe als ein unergründliches Rätsel in der Natur begriff und darstellte, umgab er dieses geheimnisvolle Walten im Menschenherzen noch mit andern rätselhaften Erscheinungen, mit den Wundern des »Hellsehens« und mit Dingen, welche schon einer übersinnlichen Welt angehören, wie die Erscheinung des die Unschuld schützenden Cherub. Daß er diesem Käthchen zu Liebe den Charakter ihres Gegenstückes, der Kunigunde, mit den schwärzesten Farben schilderte, verleitete ihn auch wieder zu einer seiner immer wiederkehrenden Extravaganzen, indem er die herzlose Kokette, die nur auf ihren eigenen Vorteil bedacht ist, nicht nur zu einem Scheusal, sondern auch zu einer widerwärtigen Karikatur machte. Aber auch dieses Bild stimmte zu dem märchenhaften Charakter, den das Ganze annahm, und zu welchem das Mittelalter mit seinem rauhen und glänzenden Rittertum, mit dem geheimnisvollen Walten des Femgerichtes und andern Dingen vortrefflich stimmte. Hier hatte der große romantische Dichter sich in einer Welt gefühlt, in der er heimisch war, und deshalb haben wir auch in keinem seiner andern Werke einen so echten und historischen Lokalton zu bewundern wie in diesem wahrhaftesten romantischen Ritterschauspiel. Daß Kleist diesen Stoff, der mit allen seinen darin waltenden Kräften mehr für die Schilderung als für die sichtbare dramatische Aktion geeignet schien, nicht wie den Kohlhaas zu einer Erzählung, sondern zu einem Schauspiel gestaltete, mag wohl darin seinen Grund haben, daß er gerade in den beiden Dramen, die ihm als Ideale vorgeschwebt hatten, nichts erreichen konnte, indem das eine, Penthesilea, auf entschiedensten Widerspruch stieß, während er mit dem andern, Robert Guiskard, gar nicht zustande kommen konnte. Vielleicht wollte er nun, mit dem Griff ins romantische Mittelalter, gerade einen Stoff behandeln, der mit der vielfach äußerlich, bewegten Handlung voll spannender ihm recht theatralisch dankender Szenen das große Publikum erobern sollte. Das ist denn auch geschehen, aber wie gesagt, erst später. Denn die ersten Aufführungen des Schauspiels in Wien, am 17., 18. und 19. März 1810, hatten keinen nachhaltigen Erfolg. Erst zwölf Jahre nach dem Tode des Dichters hatte es durch die Holsteinsche Bühnenbearbeitung weite Verbreitung gefunden, und nachdem man mehr und mehr durch die Lektüre sich mit dem Zauber der darin herrschenden Poesie vertraut gemacht hat, wird es auch in seiner reinern Gestalt seinen Platz auf der deutschen Bühne behaupten. Es möge hier übrigens auf eine Bemerkung hingewiesen werden, welche der Theaterkritik« der Spenerschen Zeitung, Friedrich Schulz in Berlin, bei Besprechung der ersten Berliner Aufführung des Käthchen i. J. 1824 machte. Schulz, der mit Kleist persönlich verkehrt hatte, verwirft die Holbeinsche Bearbeitung zwar als eine Verstümmelung des Werkes. Dennoch meint er, wäre eine Bearbeitung nötig gewesen, weil aber Kleist kein Wort aus seinem Werke habe missen wollen, so habe er darauf verzichten müssen, »sein geliebtes Käthchen auf unserer Bühne zu schauen.«

Während Kleist noch mit der Vollendung seines Schauspiels beschäftigt war, hatten seit dem unseligen Frieden von Tilsit die politischen Verhältnisse sich immer trauriger und hoffnungsloser gestaltet. Aber der zunehmende Druck, der in Deutschland auf allen Gemütern lastete, mußte endlich das Gefühl der Hoffnung auf eine Veränderung der Lage gewaltsam zum Durchbruch kommen lassen. Die Bestrebungen der Männer wie Stein und Scharnhorst, Jahn und Arndt, Fichtes Reden an die deutsche Nation, sowie die Stiftung des Tugendbundes waren die Symptome des neu erwachenden patriotischen Geistes. Die Unruhen wuchsen allenthalben, und als die Spanier mit so heroischem Beispiele vorangingen, die französische Tyrannei abzuschütteln, richteten sich die Hoffnungen zunächst auf Oesterreich, welches im stillen sich zum Kampfe vorbereitete.

Diese Bewegung konnte Kleist nicht gleichgültig lassen, und von der Insel der Romantik, auf der ihn sein Käthchen trösten sollte, tat er plötzlich den kühnen Sprung auf den Boden der Gegenwart und – dichtete seine »Hermannsschlacht«, dieses in seiner Art einzig dastehende Drama des patriotischen Hasses. Besonders waren es die Spanier und ihr patriotischer Radikalismus, der in seinem Herzen zündete. Auch Blücher hatte damals geschrieben: »Ich weih nicht, warum wir uns nicht den Tirolern und Spaniern gleich achten wollen.« Kleist aber steigerte diesen Gedanken der berechtigten Notwehr eines ganzen Volkes wieder zur äußersten Höhe des in ihm entflammten Hasses gegen die Bedrücker.

Wenn Goethe an Kleist über die Penthesilea von jenen Dramatikern geschrieben hatte, die noch immer »auf ein Theater warten, das da kommen soll«, so konnten diese damals berechtigten Worte auf Kleists »Hermannsschlacht« keine Anwendung mehr finden, wohl aber konnte man bei diesem Drama sagen, der Dichter habe dabei an ein »Deutschland« gedacht, das da kommen soll.

In innerster Verbindung mit Kleists sittlichem Rigorismus stand sein patriotisches Gefühl, und beides wirkte hier zusammen, um die Flammen des Hasses gegen die Franzosen zu entzünden, über die er schon bei seinem ersten Aufenthalte in Paris an seine Schwester geschrieben hatte: »Ich kann Dir nicht beschreiben, welchen Eindruck der erste Anblick dieser höchsten Sittenlosigkeit bei der höchsten Wissenschaft auf mich machte. Diese Nation ist reifer zum Untergange als irgend eine andere.« Und eben diese Nation, diese »Affen der Vernunft«, wie er sie einmal nennt, sollte er ihre siegreichen Fahnen weiter und weiter tragen sehen über Deutschlands Fluren hin! In seiner Hermannsschlacht kommt sowohl seine tiefe Erkenntnis von dem Franzosentum in wildem Humor zum Ausdruck wie das Gefühl unersättlicher Rachbegier gegen unsere Peiniger. Sowie ihm alles zuwider war, was nur im mindesten an die Phrase streifte, so erfaßte er auch hier fest und ohne Schwanken seinen Gegenstand, in rücksichtsloser Kritik gegen Feinde und Freunde. Sowie er die flunkernde und glänzende Lüge bei den Franzosen haßte, so war ihm auch bei uns alle patriotische Schöntuerei, der das Mark zur Tat fehlte, verächtlich. Alles was die Zeit zur Erscheinung brachte, ist in seiner Hermannsschlacht mit Kühnheit und mit Klarheit zur Anschauung gebracht, wenn wir uns unter Rom Paris, unter den Römern die Franzosen und unter den alten Germanen die Deutschen seiner Zeit vorstellen. Wie er die Fürsten des Rheinbundes dem verdienten Hasse preisgibt, so wendet er sich gelegentlich mit Geringschätzung und mit Spott gegen die kokette Geheimnistuerei des »Tugendbundes«, indem er seinen Helden von den mißvergnügten Deutschen als von »Schwätzern« reden läßt –

> Die schreiben, Deutschland zu befreien
> Mit Chiffern, schicken mit Gefahr des Lebens
> Einander Boten, die die Römer hängen,
> Versammeln sich im Zwielicht – usw.

Er wollte Taten, rücksichtslose Taten, wie sie dem lange genährten Haß entsprechen sollten. Wie die Spanier jetzt in ihrem Kampfe gegen die Unterdrücker handelten, das war sein Ideal auch eines deutschen Befreiungskampfes. Verrat, Gift und Meuchelmord, alles sollte gelten, um das Gezücht zu vertilgen, das unsern Boden und die Rechte der Menschheit mit Füßen trat. Aus diesem Gefühl haben wir uns auch die Ausschreitungen des Hasses zu erklären, wie sie in einzelnen Szenen, wie in der gefühlsverletzenden Behandlung des wehrlosen Septimius, in der Abschlachtung des Varus (entgegen der historischen Tradition) und in dem furchtbaren Rachewerk der Thusnelda, zum Ausdruck kommen. So haben wir in diesem Schauspiel das merkwürdigste Beispiel in unserer Literatur, daß ein so fernliegender Stoff so in die lebendige Gegenwart versetzt wurde. Zeigt schon die Kühnheit dieses Gedankens uns den wahrhaft groß angelegten und selbständigen Dichter, so entspricht auch die Ausführung ganz der genialen Idee.

Der Zeitpunkt, da gerade Oesterreich den Krieg gegen Frankreich vorbereitete, übte seinen Einfluß auf die dramatische und hier eminent symbolische Darstellung. Indem er Oesterreich durch Hermann repräsentierte, ließ er den herrschsüchtigen Marbod nicht fallen, sondern dieser sollte, indem er der gemeinsamen Sache sich anschließt, durch die Schnelligkeit der Aktion den Ausschlag geben. Bei dieser Rolle Marbods hatte er Preußen im Sinne, und der preußische Dichter war deutscher Patriot genug, um dennoch schließlich die deutsche Krone demjenigen zusprechen zu lassen, der das Werk der Befreiung durchführte, indem er Marbod zu Gunsten Hermanns entsagen läßt.

Aber nicht nur der großen Tendenz nach, sondern auch in dramatischem und theatralischem Sinne muß die Hermannsschlacht als ein wahrhaft großes Werk des Dichters bezeichnet werden. Trotz der auch hierin vorkommenden Uebertreibungen, die vorhin erwähnt wurden, erkennen wir doch hier kein willkürliches Schalten seiner erhitzten Einbildungskraft, sondern wir sehen überall die Konsequenzen, die der unerbittliche Dichter der Wahrheit aus dem einheitlichen und eindringlichen Gedanken des ganzen Werkes zieht: Der überfeinerten und zur Fäulnis gelangten Kultur des Romanismus setzte er die gewaltige Naturkraft des germanischen »Barbarentums« entgegen. Wie er in diesem Barbarentum auch die natürliche Schlauheit und den Mutterwitz in der Gestalt des Hermann zur Geltung kommen läßt, so hat er diesen Gedanken am treffendsten in den Worten des Varus, kurz vor seinem Ende, ausgesprochen –

> Da sinkt die große Weltherrschaft von Rom
> Vor eines Wilden Witz zusammen!

Diese ganz selbständige Charakteristik des schlauen Hermann, der so ganz und gar nicht der gewohnten Vorstellung des deutschen Recken entsprach, war allerdings wieder eine Kühnheit, die den echten und originalen Dichter kennzeichnet, der immer nur ganz seiner eignen Idee folgte, und nichts danach fragte, wie diese zu den herkömmlichen Anschauungen stimmte. Und wie mit dem Charakter des Hermann, so ist er auch mit dem der Thusnelda verfahren, die er keineswegs als das Musterbild des deutschen Weibes aufstellen wollte, mit jener Mischung von weiblichem Heroentum und hausfraulicher Biederkeit, wie sie durch die Sage und durch die Dichtung, namentlich von Elias Schlegel und von Klopstock, dem deutschen Volke zum Eigentum geworden war. Aber so wie Kleist sie geschildert hat, in ihrer Wandelung aus der naivsten Ursprünglichkeit, Treuherzigkeit und Einfalt zur äußersten grausamsten Wut, ist sie psychologisch durchaus gerechtfertigt, und der Dichter folgte auch hierin wieder rücksichtslos dem Gebote der Wahrheit. Kleist hat sich selbst einmal, wie Dahlmann berichtet, sehr originell und bezeichnend über seine Thusnelda auf Befragen geäußert, indem er sagte: »Sie ist im Grunde eine recht brave Frau, aber ein wenig einsaitig, wie die Weiberchen sind, die sich von den französischen Manieren bangen lassen.« Zu jener fürchterlichen Energie, mit welcher Thusnelda das Rachewerk ausführt, trägt nicht wenig das Gefühl der Beschämung vor ihrem großen Gatten bei und ihr Wunsch, an dem Römer und an sich selbst die Verirrung zu sühnen. Gerade bei ihrer naiven Gläubigkeit mußte sie in ihrer Enttäuschung sich durch die glatte Tücke des Römers umso tiefer und schmerzlicher verwundet fühlen. Und da sie selbstverständlich von dem christlichen Gebote, dem Feinde zu vergeben, nichts weiß, so stimmt dieser Akt der Rache auch zur Idee der ganzen Dichtung. Wie Hermann, nachdem er die eitle Frau so tief gedemütigt hat, sich gegen sie schonend verhält, um sie wieder zu sich zu erheben, ist wieder ein feiner und tiefer Zug in der Dichtung. Wie bei Kleist durch die Herbheit seines Wesens überall das tiefe Gefühl durchbricht, so sehen wir danach auch den Helden dieses Dramas, den wir so lange nur als den schlauen Fuchs kennen lernten, im Momente vor der Entscheidung, in der wahrhaft großartigen Szene am Eingange des Teutoburger Waldes, übermannt von der Größe des Augenblickes und erschüttert von dem wunderbaren Bardengesang, so weich und ergriffen werden, daß er nicht zu sprechen vermag. Sowohl diese Situation wie auch die große Szene des Marbod mit den Kindern Hermanns gehören zu jenen Kleistschen Schönheiten, welche in der deutschen dramatischen Dichtung nicht ihresgleichen haben, und in denen er nur mit Shakespeare zu vergleichen ist, ohne doch ein Nachahmer desselben zu sein.

Als Kleist seine Dichtung vollendet hatte, schickte er sie anfangs Januar 1809 nach Wien, wo er eine Aufführung im Burgtheater noch am ehesten erwarten zu dürfen meinte. In seinem Briefe an den damaligen Wiener Dramaturgen, den Dichter Collin, sprach er die Ansicht aus, daß der Erfolg dieses Stückes sicherer sei als der des »Käthchen von Heilbronn«, und daß er es deshalb gern vor diesem auf die Bühne bringen möchte. Er sollte auch hierin wieder eine schmerzliche Enttäuschung erfahren; das Käthchen kam in Wien ein Jahr später zur Aufführung, aber die »Hermannsschlacht« blieb ganz liegen, ungewürdigt, unausgeführt. Man sah es wohl als eine seltsame Kühnheit an, daß ein deutscher Dichter aus den Empfindungen der die Gemüter bewegenden Gegenwart zum Volke reden wollte, wo nur die Diplomaten das Recht hatten, patriotisch oder – unpatriotisch zu sein. War ihm aber in Wien das Wort nicht gestattet, so konnte er in jener Zeit auf eine andere deutsche Bühne gehabt, und nur in seinen Freundeskreisen in Dresden konnte das Manuskript still von Hand zu Hand gehen. Kleist aber hatte in seinem Schmerze darauf als Motto das Distichon gesetzt:

Wehe, mein Vaterland, dir! Die Leier zum Ruhm dir zu schlagen,
Ist, getreu dir im Schoß, mir, deinem Dichter, verwehrt.

Noch ehe ihm die Hoffnung auf die Aufführung in Wien geschwunden war, hatte Kleist mit Dahlmann verabredet, Dresden zu verlassen und sich zunächst nach Prag zu begeben. Dort, meinte man, sei es sicherer, die Entwickelung der großen Ereignisse abzuwarten, nachdem der sächsische Hof sich der schlechten Sache angeschlossen habe. In Prag erst wurde Dahlmann mit dem Manuskript der Hermannsschlacht bekannt gemacht, und er erzählt uns, mit wie »unwiderstehlichem Herzensklange« ihm der Dichter, trotz seiner bedeckten Stimme, einzelne Partien aus dem Drama vorlas und namentlich mit dem Vortrag des Bardengesanges eine erschütternde Wirkung gemacht. Als sie Prag nach einigem Aufenthalt verlassen hatten, um weiter zu gehen, waren sie noch nicht bis nach Wien gelangt, als die Schlacht bei Aspern (am 21. Mai 1809) sie überraschte. Beide besuchten sogleich mit Eifer das Schlachtfeld, aber gerieten dabei wieder in Bedrängnis, indem ein österreichischer Offizier sie als Spione der Franzosen im Verdacht hatte. Kleist hatte die Naivität, sich als »Dichter« zu legitimieren, indem er ein paar Gedichte, die er bei sich trug, vorzeigte. Die österreichischen Offiziere hatten ihm deshalb keineswegs eine größere Achtung bezeigen wollen, aber man belästigte die Verdächtigen nicht weiter.

Zu den Gedichten, welche aus Kleists wild erregter Stimmung der Zeit hervorgegangen waren, gehörten außer dem diabolisch-humoristischen »Kriegslied der Deutschen« vor allem sein großer Schlacht- und Rachegesang: »Germania an ihre Kinder«, der an wildem Zorn und an hinreißend dichterischer Kraft alles hinter sich läßt, was in jener Zeit und später an patriotischen Gedichten erschienen war.

Nach der Schlacht bei Aspern ging Kleist wieder nach Prag zurück, und sein Mut war wieder so gehoben, daß er hier den Plan faßte, eine politische Zeitschrift zu gründen und dafür alle Vorbereitungen mit Eifer getroffen hatte. Napoleons großer und entscheidender Sieg bei Wagram im Juli hatte alle Hoffnungen wieder danieder geworfen und auch für die Verwirklichung der Idee mit der Zeitschrift, welche »Germania« heißen sollte, war der Mut geschwunden. Eine Zeitlang ging Kleist jetzt ernstlich mit dem Gedanken um, Napoleon zu ermorden. Aber in Prag erkrankte er wieder, und da er genas, befand er sich von Geldmitteln so entblößt, daß er sich wieder an seine Schwester wenden mußte. Als er später, nach dem Wiener Friedensschluß im Oktober 1809, nach der Heimat zurückkehrte, hatte er seine Schwester in Frankfurt a. O. nicht angetroffen. Er begab sich im November nach Berlin, wo er zunächst einige kleinere Gedichte schrieb, die an die Zeitereignisse anknüpften, so die Ode »Auf den Wiedereinzug des Königs« und später, im März 1810 das Sonett »An die Königin Luise von Preußen.« Wann er das tief ergreifende Gedicht geschrieben, dem er die Ueberschrift gab »Das letzte Lied«, ist nicht mit Sicherheit festzustellen, und es bleibt wenigstens zweifelhaft, ob es wirklich sein »letztes« war.

Schon einige Zeit vorher hatte Kleist in Berlin den Gedanken zu einer neuen dramatischen Dichtung gefaßt; Ende des Jahres 1809 begann er sein reinstes, edelstes und auch in der dramatischen Form künstlerisch vollendetstes Schauspiel: *»Prinz Friedrich von Homburg«*. Wenn man bei dem hohen Werte dieser vaterländischen Dichtung erwägt, wie Kleist immer und immer wieder in seinen Hoffnungen als Dichter sich getäuscht sah, wie ferner sein patriotisches Herz zerrissen war und wie er dabei selbst um seine materielle Existenz in Sorgen und Not lebte, so muß die Ausdauer seiner dichterischen Kraft, die er gerade in diesem seinem letzten größern Werke so herrlich bekundete, umso mehr in Erstaunen setzen.

Wenn auch der geschichtliche Stoff zu diesem Schauspiel einer ganz andern Zeit entnommen war als sein vorletztes dramatisches Werk, so wird uns dennoch die politische Tendenz im Prinzen von Homburg klarer zur Erscheinung kommen, wenn wir das Schauspiel im Rückblick auf die Hermannsschlacht betrachten. Was die dichterische Schönheit betrifft, so enthält es zwar keine Szenen von so überwältigender Großartigkeit wie die Hermannsschlacht, aber es zeigt nicht nur eine mehr künstlerische Form im großen Ganzen, sondern es zeigt auch in der plastischen Anschaulichkeit der Charaktere den Dramatiker auf seiner höchsten Höhe. Vor allem können die Gestalten des Großen Kurfürsten und des alten Kottwiz als köstlichste Perlen in der dramatischen Dichtung gelten. Szenen, wie im ersten Akte diejenige, in welcher der Feldmarschall den kommandierenden Offizieren den Kriegsplan diktiert, nicht minder im zweiten Akte das hitzige Draufgehen des Prinzen bei Fehrbellin, zeigen einen Dramatiker vom allerhöchsten Berufe. Auch hinsichtlich der Sprache, welche bei Kleist in fast allen seinen Dramen durch Härte und oft abscheuliche und durchaus unstatthafte Konstruktionen, besonders in den Versen, so häufig abstößt und den Genuß an der innern Schönheit beeinträchtigt, zeigte der »Prinz von Homburg« eine vorgeschrittene Reinheit und Klarheit. Die kranke Stelle, welche leider auch in diesem Stücke sich fühlbar macht, liegt in der Hauptgestalt, im Prinzen selbst. Es war schon eine seltsame Idee, dem Helden eines solchen Schauspiels die kranke Eigenschaft des Nachtwandelns zu geben. Und daß der Dichter das Stück, das mit dem somnambulen Zustande des Prinzen beginnt, auch wieder mit einer derartigen Szene schließen läßt, erscheint als eine Spielerei, und noch dazu als eine grausame. Schlimmer aber noch für den Gesamteindruck des Dramas ist die Art und Weise, wie der Dichter das Moment der den Prinzen überwältigenden Todesfurcht behandelt. Auch hier hat der Dichter wieder ein psychologisches Motiv ergriffen, das an sich richtig sein mag, welches er aber mit solchem Wohlgefallen wieder bis in die äußersten Konsequenzen verfolgt, daß er darin viel weiter geht, als es nötig war. Der vorübergehende Todesschauer, ja auch selbst Todesfurcht, nachdem der Prinz das für ihn bereitete offene Grab gesehn, wäre an sich ganz gerechtfertigt; daß er den Prinzen aber in unwürdiger Weise um sein Leben jammern und betteln läßt, damit untergräbt er selbst dessen Berechtigung zum Helden eines Dramas. Die rücksichtslose Selbständigkeit des Kleistschen Talentes verleitete ihn in solchen Dingen zu einem Starrsinn, mit welchem er die gewünschte Wirkung so oft schwer beeinträchtigte. Wer aber mit dieser Dichtung sich oft beschäftigt hat oder sie wiederholt aufführen gesehn, der hat sich an die Eigenart dieses Dichters so gewöhnt, daß ihn auch solche Absonderlichkeiten nicht mehr stören; und die Schönheiten im Prinzen von Homburg sind in der Tat so groß, daß man die Mängel der Dichtung darüber vergessen kann. Wie in andern seiner Dichtungen, so suchte er auch hier den ihn ergreifenden Gedanken mit grausamer Wahrheit bis aufs äußerste zu erschöpfen und von keiner Erscheinung etwas von ihrem wahren Wesen zu verhüllen. So werden wir beim Käthchen von Heilbronn aus dem Entzücken über die vollendetste Poesie emporgeschreckt durch die Peitsche des edeln Ritters vom Strahl, und so führt er uns die Todesangst des Prinzen in einer Weise vor, daß er selbst seinen Helden der rücksichtslosen Wahrheit opfert. Die Extravaganzen in dieser Richtung bringen ihn dann wieder dazu, daß er vor dieser empfindlich berührenden Wirklichkeit in eine gewisse mystische

Richtung flüchtet, wie im Käthchen, so in seiner meisterhaften Erzählung Michael Kohlhaas. In einem Monolog des Prinzen von Homburg, da er im Gefängnis sitzt, läßt er denselben über das Leben und das Jenseits philosophieren:

> Zwar, eine Sonne, sagt man, scheint dort auch
> Und über buntre Felder noch als hier:
> Ich glaub's! Nur schade, daß das Auge modert,
> Das diese Herrlichkeit erblicken soll.

Und denselben Helden, der uns durch solche Philosophie das Innerste erschüttert, wie es nur Shakespeare vermochte, macht er zum Nachtwandler, und selbst in seinem wachen Handeln zum phantastischen Träumer. Was die politische Idee in diesem Drama betrifft, so ist schon angedeutet worden, daß sie, besonders neben der Hermannsschlacht betrachtet, überzeugender hervortritt. Wenn Kleist in dieser Dichtung uns diese Zerrissenheit Deutschlands schilderte, und den Triumph in dem einheitlichen Handeln der deutschen Stämme erblickte, so wies er danach in dem dramatischen Gemälde, aus welchem die Gestalt des Großen Kurfürsten riesig hervorragt, auf denjenigen Staat hin, in welchem vor allem der Geist der Ordnung als der starke Fels, an den sich unsere Hoffnungen klammern mußten, als unser Hort für die Zukunft erscheint. Wenn in der mit stärkerer Leidenschaft erfüllten Hermannsschlacht die poetische Kraft das Uebergewicht hat, so liegt in dem brandenburgischen Schauspiel jener politische Gedanke schon durch den Stoff unserm Verständnis näher. In diesem zeigte er bereits das preußische Musterbild eines auf Ordnung, Disziplin und Gesetz gegründeten Staats- und Militärwesens. Ueber die Berechtigung der Notwehr und der in der Hermannsschlacht verherrlichten Methode wird man darum nicht in Zweifeln sein können, so lange jene vollendete militärische Organisation als Schutzwehr gegen feindliche Nachbarn nicht existierte. In dem brandenburgischen Schauspiel war daneben noch die Lehre gegeben, – und das Beispiel des unglücklichen Schill steht uns dabei vor Augen – daß für das Vaterland, für das geordnete Ganze des Staates jedes persönliche Gefühl, möge es noch so gerechtfertigt erscheinen, sich unterzuordnen habe. Das Gesetz, der Geist der Ordnung ist es, dessen Herrschaft und Autorität sich alles beugen muß.

Mußte nicht gerade von einem solchen Schauspiel der Dichter erwarten, daß es ihm in der preußischen Hauptstadt die vollste Anerkennung und auch die Sicherung seiner materiellen Existenz erringen werde? Es wird uns berichtet, daß Kleist auch wirklich im Hinblick auf diesen Umstand, und zwar auf dringendes Anraten seiner Anverwandten, dies »vaterländische« Schauspiel geschrieben habe. Er sollte aufs neue eine Anstellung zu erhalten suchen, denn die Hoffnungen, von seiner schriftstellerischen Tätigkeit leben zu können, mußten ihm jetzt endlich ganz geschwunden sein. Ganz still für sich hatte er jetzt an dem Prinzen von Homburg rastlos und zum ersten Male ohne längere Unterbrechung gearbeitet. Mit seinem dichterischen Instinkt hatte er sich merkwürdig schnell auf dem militärischen Boden der brandenburgischen Zeit und in dem historischen Zeitkostüm zurechtgefunden, und die Arbeit war ihm so schnell von statten gegangen, daß er schon am 19. März 1810 seiner Schwester Ulrike melden konnte, daß er mit der neuen Dichtung fertig sei. In demselben Briefe sucht er noch einmal sie zu bestimmen, daß sie auf einige Zeit nach Berlin kommen und mit ihm leben möchte. Er hält ihr vor, daß sie in ausgezeichneten Familien, im Hause Altensteins, beim Staatsrat Stägemann usw. sehr angenehm verkehren und dort auch manches zu seinen Gunsten wirken könne. Er meldet ihr ferner in diesem Briefe, daß er der Königin Luise an ihrem Geburtstage (10. März) das vorhin erwähnte, an sie gerichtete Gedicht selbst überreicht habe, welches, wie er hinzufügt, »sie vor den Augen des ganzen Hofes zu Tränen gerührt hat; ich kann ihrer Gnade und ihres guten Willens, etwas für mich zu tun, gewiß sein.« Sein neues Schauspiel, meinte er, solle zunächst auf dem Privattheater des Prinzen Radziwill und später auch auf dem Nationaltheater gegeben werden. Der Arme! Nichts von allen seinen Hoffnungen sollte in Erfüllung gehn, und niemals ist er in seinen frohen Erwartungen vom Schicksal so ungerecht und grausam enttäuscht worden. Seine eigenartige Behandlung des patriotischen Stoffes scheint wohl mißfallen zu haben, und die Bedenken, welche gegen die Privataufführung sich richteten, haben dann auch die öffentliche Aufführung auf dem königlichen Nationaltheater gehindert. Es ist tief beschämend für uns, daß gerade jene beiden letzten Stücke, die er schrieb, in denen er so großartig zum Patriotischen Dichter sich aufgeschwungen hatte, während seines Lebens weder auf die Bühne gekommen noch gedruckt worden sind. Um sein Unglück voll zu machen, starb auch noch in demselben Sommer die geliebte Königin Luise, auf deren Gönnerschaft Kleist so sicher gerechnet hatte.

Worauf sollte der Unglückliche jetzt noch bauen? Er hatte nur noch die Aussicht, kümmerlich das Leben zu fristen, und er machte wirklich im Herbst desselben Jahres noch einen Versuch zum schriftstellerischen Erwerb, indem er wieder eine Zeitschrift, die »Berliner Abendblätter« redigierte. Von seinen »Erzählungen« war um dieselbe Zeit ein Band in Berlin erschienen, der außer den beiden älteren und besten, Kohlhaas und die Marquise von O., auch noch das Erdbeben von Chili enthielt. Ein zweites Bändchen erschien noch im folgenden Jahr, und er hatte darin auch ein paar aufgenommen, die vorher in den »Abendblättern« erschienen waren: Die heilige Cäcilie und das Bettelweib von Locarno. Sonst schrieb er für die Abendblätter nur meist unbedeutende Sachen, die keinesfalls mehr eines solchen Dichters würdig waren. Auch die Abendblätter erschienen nur noch bis zum März 1811. Dem Verleger seiner »Erzählungen«: Georg Reimer in Berlin (Realschulbuchhandlung) bot Kleist den »Prinzen von Homburg« zum Druck an und stellte ihm dabei noch einen größeren Roman in Aussicht, »der wohl zwei Bände betragen dürfte«, wünschte aber dabei von Seiten des Verlegers bessere Bedingungen, als diejenigen für die Erzählungen waren. Da der Prinz von Homburg erst zehn Jahre nach Kleists Tode (nach des Dichters Handschrift) herausgegeben wurde, und da wir von der Existenz eines größeren Romans nichts wissen, so ist daraus zu ersehen, daß der Verleger auf das Anerbieten nicht eingegangen war.

An den ihm dauernd befreundet gebliebenen Dichter de la Motte *Fouqué*, der nicht in Berlin, sondern auf seinem Gute lebte, hatte Kleist noch im August 1811 das zweite Bändchen seiner Erzählungen geschickt, und dabei die Hoffnung ausgesprochen, ihm auch bald sein vaterländisches Schauspiel »Der Prinz von Homburg« vorlegen zu können, »worin ich auf diesem, ein wenig dürren, aber eben deshalb, fast möchte ich sagen, reizenden Felde mit Ihnen in die Schranken trete.« Dieser Brief an Fouqué klingt noch ganz freundlich, und er stellt dem edeln Freunde noch in Aussicht; ihn nächstens ganz unverhofft zu besuchen. Kleist war aber in der Tat jetzt schon recht vereinsamt in Berlin, besonders seit Adam Müller Berlin verlassen hatte, um nach Wien zu gehen. Die Einsamkeit scheint ihn in jene ruhige, resignierte Stimmung gebracht zu haben, welche seinem gewaltsamen Ende vorausging. Von einzelnen ihm sehr nahe stehenden Personen seines Umganges, besonders von dem Kassenrendant *Vogel* und dessen Frau, mit welcher Kleist in den Tod ging, erfahren wir erst aus jenen Papieren, die auf die tragische Katastrophe selbst sich beziehen. Dasselbe gilt von dem Kriegsrat *Peguilhen* und einer Kusine des Dichters, *Marie* von Kleist, zu der er in seiner letzten Lebenszeit sich um so stärker hingezogen gefühlt hatte, je kühler sein Verhältnis zu seiner Schwester Ulrike geworden war.

Da wir hier vor dem Schlußakt der Tragödie seines Lebens stehen, so haben wir zu allen den schon erwähnten Umständen, die sich gegen ihn vereinigt hatten, noch ein paar Momente hervorzuheben, welche zuletzt noch dazu beitrugen, ihm das fernere Leben unerträglich zu machen. Von großer Wichtigkeit dafür sind die erst 1873 ans Licht gekommenen Papiere des Kriegsrats Peguilhen, welcher ein naher Bekannter Kleists und dabei ein intimer Freund der mit Kleist zugleich aus dem Leben geschiedenen Frau Adolfine Henriette Vogel war.

Die von Kleist gehoffte Unterstützung durch den Staat, war ihm, dem Dichter des Prinzen von Homburg, nicht zuteil geworden, und nach dem Tode der Königin Luise kaum noch zu erwarten. Wie es mit seinem versuchten Wiedereintritt ins Militär sich verhielt, ist nicht ganz aufgeklärt. Im Spätsommer hatte er seiner Schwester Ulrike geschrieben, daß der König seine Anstellung beim Militär befohlen habe, er werde entweder bei ihm Adjutant werden oder eine Kompagnie erhalten. Diese beiden Annahmen sind sicher falsch gewesen, und es bleibt nur die Frage offen, ob Kleist selbst an eine derartige Stellung geglaubt hat oder nicht. Genug, Kleist begab sich kurz darauf nach Frankfurt, um von seiner Schwester und seinen andern Verwandten sich das Geld zu seiner Equipierung zu verschaffen. Als Kleist in Frankfurt angekommen war, muß er namentlich auf seine ihn liebende Schwester einen dermaßen erschreckenden Eindruck gemacht haben, daß Ulrike nicht imstande war, diesen Eindruck ihm zu verbergen. Infolgedessen verzichtete Kleist auf eine mündliche Verhandlung und schrieb aus dem Gasthaus, weshalb er gekommen sei. Dann fuhr er fort: »Da Du aber, mein wunderliches Mädchen, Dich bei meinem Anblick so ungeheuer erschrocken hast, ein Umstand, der mich, so wahr ich lebe, aufs allertiefste erschütterte, so gebe ich, wie es sich von selbst versteht, diese Gedanken völlig auf, ... entschlossen, noch heute nachmittag nach Berlin zurückzureisen.«

Es scheint, daß danach zwischen ihm und seiner Schwester sich eine tiefe Kluft gebildet habe, wenigstens von seiner Seite. Am 9. November 1811 schrieb er an seine Kusine Marie von Kleist, die er hier als die einzige bezeichnet, an deren Gefühl und Meinung ihm etwas gelegen sei. Dann folgen die merkwürdigen Geständnisse mit Bezug auf Henriette Vogel: »Ja, es ist wahr, ich habe Dich hintergangen; wie ich Dir aber tausendmal gesagt habe, daß ich dies nicht überleben würde, so gebe ich Dir jetzt, indem ich Abschied von Dir nehme, davon den Beweis. Ich habe Dich während Deiner Anwesenheit in Berlin gegen eine andere Freundin vertauscht; aber, wenn das Dich trösten kann, nicht gegen eine, die mit mir leben, sondern die im Gefühl, daß ich ihr ebensowenig treu sein würde, wie Dir, mit mir sterben will. Mehr Dir zu sagen, läßt mein Verhältnis zu dieser Frau nicht zu. Nur soviel wisse, daß meine Seele, durch die Berührung mit der ihrigen, zum Tode ganz reif geworden ist; daß ich die ganze Herrlichkeit des menschlichen Gemütes an dem ihrigen ermessen habe, und daß ich sterbe, weil mir auf Erden nichts mehr zu lernen und zu erwerben übrig bleibt. Lebe wohl! Du bist die einzige auf Erden, die ich jenseits wiederzusehen wünsche. Etwa Ulriken? – ja, nein, nein ja, es soll von ihrem Gefühl abhängen. Sie hat, dünkt mich, die Kunst nicht verstanden, sich aufzuopfern, ganz für das, was man liebt in Grund und Boden zu gehen...«

Wie der übrige Inhalt dieses Briefes, so spricht auch besonders diese Aeußerung über eine Schwester, wie Ulrike ihm in allen Lebensverhältnissen war, für eine bei Kleist eingetretene oder richtiger weiter gediehene geistige Erschütterung und Verwirrung. Am nächsten Tage (10. November), schreibt er wieder an seine Kusine Marie, als Antwort auf einen Brief von ihr: es sei ihm »ganz unmöglich, länger zu leben.« Er versichert, er sei so empfindlich geworden, daß ihn die kleinsten Angriffe doppelt und dreifach schmerzen, als jeden andern, lieber wolle er zehnmal den Tod erleiden, »als noch einmal wieder erleben, was ich das letzte Mal in Frankfurt an der Mittagstafel zwischen meinen beiden Schwestern, besonders als die alte Wackern dazu kam, empfunden habe,« denn er werde von ihnen »als ein ganz nichtsnutziges Glied der Gesellschaft angesehen, das keiner Teilnahme mehr wert sei.« Und in eben diesem Briefe kommt er auch auf die traurige Lage des Vaterlandes zu sprechen; daß der König jetzt eine Allianz mit den Franzosen schließe, sei auch nicht eben gemacht, ihn am Leben festzuhalten: »Was soll man doch, wenn der König diese Allianz schließt, länger bei ihm machen? Die Zeit ist ja vor der Türe, wo man wegen der Treue gegen ihn, der Aufopferung und Standhaftigkeit und aller andern bürgerlichen Tugenden, von ihm selbst gerichtet, an den Galgen kommen kann.«

Das klingt nun freilich furchtbar bitter, und leider brauchte Kleist in diesem Punkte nicht zu übertreiben, um das Erbärmliche der Situation zu schildern. Das wunderliche Doppelverhältnis Kleists zu seiner Kusine einerseits und zu Henriette Vogel anderseits wird in einem dritten und letzten Briefe an Marie von Kleist noch weiter erörtert, ohne daß es uns begreiflicher wird: »Kann es Dich trösten,« schreibt er, »wenn ich Dir sage, daß ich diese Freundin niemals gegen dich vertauscht haben würde, wenn sie weiter nichts gewollt hätte, als mit mir leben? Gewiß, meine liebste Marie, so ist es; es hat Augenblicke gegeben, wo ich meiner Freundin offenherzig diese Worte gesagt habe. Ach, ich versichere Dich, ich habe Dich so lieb, Du bist mir so überaus teuer und wert, daß ich kaum sagen kann, ich liebe diese vergötterte Freundin mehr als Dich. Der Entschluß, der in ihrer Seele aufging, mit mir zu sterben, zog mich, ich kann Dir nicht sagen, mit welcher unaussprechlichen und unwiderstehlichen Gewalt an ihre Brust ... ich kann Dir nicht leugnen, daß mir ihr Grab lieber ist als die Betten aller Kaiserinnen der Welt.«

Aus allen diesen Aeußerungen erkennt man wohl den Dichter Kleist wieder in allen seinen Extravaganzen und Sonderbarkeiten; aber diese leidenschaftlichen Briefe geben uns auch die Ueberzeugung von der gefährlichen Steigerung jener Eigenschaften. Wer mit solcher Wollust sich mit dem Gedanken an den Tod beschäftigte, der mußte ihm schon rettungslos verfallen sein. Es ist bisher stets versichert worden, daß es nicht eine Liebesleidenschaft gewesen, welche ihn zu dem Entschlüsse gebracht hatte, mit Henriette Vogel gemeinsam zu sterben. Nein, jene Liebesleidenschaft, wie man sie gewöhnlich versteht, war es allerdings nicht. Es war, wie alles, was Kleist in diesem Punkte empfunden hatte, eine krankhafte Selbsttäuschung, ein Gebilde seiner erhitzten Phantasie, in dessen Genuß er schwelgte, weil er endlich – erst in seinem Sterben – einmal glücklich sein wollte. Und daß es ein Wesen gab, das den Entschluß fassen konnte, mit ihm zusammen zu sterben, dies Gefühl hatte ihn berauscht und seinen Entschluß unwiderruflich gemacht. Von Henriette Vogel wird berichtet, daß bei ihr die Ursache der Todessehnsucht eine furchtbare innere Krankheit gewesen sei, über welche ihr schon von ärztlicher Seite die erschreckendste Aussicht eröffnet worden war. Des Dichters Kusine erfuhr über Henriette Vogel eigentlich nur aus seinen Briefen von einer derartigen Verbindung mit ihr. Nach seinem Tode, als der Kriegsrat Peguilhen Nachrichten über den Verstorbenen sammelte, schrieb ihm Marie von Kleist: »Beiträge zu meines geliebten Vetters unglücklicher Katastrophe kann ich nicht mitteilen, so vertraut auch meine Verbindung mit ihm war. So muß ich gestehen, daß eine nähere Bekanntschaft mit der Frau Rendantin Vogel nie zu meinem Wissen gelangt ist. Zuweilen, wenn er mich verließ, sagte er, er ginge in dieses Haus oder mit dieser Gesellschaft spazieren, ohne sich je über eine engere Verbindung mit Madame Vogel auszulassen.«

Daß Kleist von seiner edeln und einst so geliebten Schwester Ulrike nicht in Mißstimmung scheiden mochte, begreift sich bei seiner grundguten und weichen Natur umsomehr, als er das Unrecht fühlen mußte, das er ihr getan. Und er schrieb ihr noch vor seinem Tode: »Ich kann nicht sterben, ohne mich zufrieden und heiter, wie ich bin, mit der ganzen Welt, und somit auch vor allen andern, meine teuerste Ulrike, mit Dir versöhnt zu haben. Laß sie mich, die strenge Aeußerung, die in dem Briefe an die Meisten enthalten ist, laß sie mich zurücknehmen. Wirklich, Du hast an mir getan, ich sage nicht, was in Kräften einer Schwester, sondern in Kräften eines Menschen stand, um mich zu retten. Die Wahrheit ist, daß mir auf Erden nicht zu helfen war.«

Es war am Mittage des 20. November 1811, als Kleist und Henriette Vogel in einem dazu gemieteten Fuhrwerk Berlin verließen, und bis zum Wannsee, auf der Straße noch Potsdam, fuhren. In der Nähe des Sees stiegen sie in einem Wirtshaus »zum Stimming« ab und baten um ein Mittagessen, indem sie dabei bemerkten, sie wollten sich nur ein paar Stunden aufhalten, um ein paar Freunde aus Potsdam zu erwarten. Im obern Stockwerk des Wirtshauses ließen sie sich aber ein paar Zimmer geben, und fragten dann, ob sie nicht einen Kahn bekommen könnten, um über den See nach der andern Seite, zu fahren. Da ihnen erwidert wurde, daß die Beschaffung eines Kahnes viele Umstände machen werde, daß sie aber leicht zu Fuß über den Damm nach der andern Seite des Sees gelangen könnten, machten sie denn auch den Spaziergang, kehrten aber wieder zurück und begaben sich in ihre Zimmer, um dort Verschiedenes zu schreiben. Zu dem Abendessen, welches die Dienerin ihnen verabfolgte, hatten sie den Wein mit sich gebracht. Nach dem Essen schrieben sie wieder und blieben die Nacht oben. Der Hausdiener, der die Nacht über wachte, bemerkte an den Fenstern, daß sie beständig Licht brannten, und man hörte beide auf und nieder gehen.

Schon sehr zeitig am andern Morgen kam Frau Vogel herunter und verlangte Kaffee; danach blieben sie den Vormittag über wieder still auf ihren Zimmern.

Als es gegen Mittag geworden war, verlangten sie einen Boten, der einen Brief nach Berlin bringen könne; der Brief war an den Kriegsrat Peguilhen gerichtet. Später, als der Bote längst auf dem Wege war, fragten sie wiederholt, was es an der Zeit sei und wann der Bote wohl in Berlin sein könnte?

Als die Zeit nach ihrer Berechnung gekommen war, gingen sie hinaus, plauderten ganz heiter über gleichgültige Dinge und trieben Scherze, so daß kein Mensch auf den Verdacht ihres schrecklichen Vorhabens hätte kommen können. Sie wollten sich jetzt nach einem bestimmten grünen Platz jenseits des Sees begeben und baten die Wirtin, ob sie ihnen nicht dorthin den Kaffee schicken könnte. Die Frau meinte zwar, daß dies doch zu weit sei, aber sie drangen so sehr darauf, daß sie einwilligte, und nachdem Kleist zu dem Kaffee noch eine Portion Rum verlangt hatte, machten beide sich auf den Weg, indem Henriette ein mit dem Tuche bedecktes Körbchen trug, in welchem jedenfalls die Pistolen lagen. Am bestimmten Platze angelangt, fand die Aufwärterin beide wieder in heiterster Stimmung. Sie hatten noch nach einem Bleistift verlangt, und dann hatte Henriette die Aufwärterin gebeten, die eine Tasse auszuwaschen und ihr wiederzubringen. Kurz nachdem das Mädchen sich entfernt hatte, hörte sie einen Schuß und gleich darauf einen zweiten. Da sie aber meinte, daß die Fremden wohl zu ihrem Vergnügen schießen, setzte sie ihren Weg fort. Als sie aber die eine mitgenommene Tasse wieder zurückbrachte, fand sie die beiden tot in ihrem Blute liegen. Wie von den später Herbeieilenden berichtet wurde, lag Henriettens Leiche in einer kleinen Bodenvertiefung, mitten durchs Herz geschossen und die Hände auf der Brust gefaltet. Kleist selber, der sich durch den Kopf geschossen hatte, befand sich vor ihr in kniender Lage. Sie waren beide durchaus nicht entstellt, sondern hatten im Tode die Miene heiterer Zufriedenheit.

Im Zimmer des Hauses fand man noch ein versiegeltes Päckchen, in welchem sich ein Brief von Kleist an Adam Müllers Frau befand. Mit einer heitern Ruhe, welche in bezug auf die Situation um so erschütternder klingt, schreibt er darin der Freundin u. a: »...Es hat seine Richtigkeit, daß wir uns, Jettchen und ich, wie zwei trübsinnige, trübselige Menschen, die sich immer wegen ihrer Kälte angeklagt haben, von ganzem Herzen lieb gewonnen haben, und der beste Beweis davon ist wohl, daß wir jetzt miteinander sterben. Leben Sie wohl, unsre liebe, liebe Freundin, und seien Sie auf Erden, wie es gar wohl möglich ist, glücklich! Wir unsererseits wollen nichts von den Freuden dieser Welt wissen und träumen lauter himmlische Fluren und Sonnen, in deren Schimmer wir, mit langen Flügeln an den Schultern, umherwandeln werden...« Darunter hatte auch Henriette noch einige Zeilen geschrieben, in denen sie ihre Freunde in heiterstem Tone bittet, sie möchten sich zuweilen »der zwei wunderlichen Menschen erinnern, die bald ihre große Entdeckungsreise antreten werden.«

So endete Heinrich von Kleist, erst vierunddreißig Jahre alt, sein Leben. Bei der Anzeige seines Todes in der Zeitung hatte Peguilhen eine besondere Schrift über das Ereignis angekündigt und das Publikum gebeten, bis dahin sein Urteil aufzuschieben. Da die Veröffentlichung auf Befehl des Königs unterblieb, so ist das von dem Freunde zur Rechtfertigung des Unglücklichen gesammelte Material erst in neuerer Zeit (in der »Gegenwart« 1873) in die Öffentlichkeit gekommen und das Wichtigste daraus ist in unserer Lebensskizze mit benutzt worden. Seine Vaterstadt Frankfurt a. O. errichtete dem Dichter ein Denkmal, das am 25. Juni 1910 enthüllt wurde; es ist eine eindrucksvolle Schöpfung des Bildhauers Gottlieb Elster-Berlin. Professor Erich Schmidt entrollte in seiner Festrede ein tiefergreifendes Lebensbild des Verewigten, dem erst die Nachwelt den unverwelklichen Ruhmeskranz flicht.

Ein einfacher Gedenkstein am östlichen Ufer des Wannsees bezeichnet die Stelle, wo der Unglückliche seine Tat vollbrachte.

Wer in die Geisteswerke des Dichters blickt und das unerbittliche Schicksal erwägt, dem er verfallen sollte, der wird nicht nur dem Dichter die ihm zukommende Bewunderung zollen, sondern auch dem edeln und unglücklichen Menschen das tiefste Mitgefühl zuwenden.

9 788026 886846